Jean Boutan

Libuše et Vlasta dans la littérature des pays tchèques (1800-1848)

Jean Boutan

Libuše et Vlasta dans la littérature des pays tchèques (1800-1848)

Femme et nation en Bohême

Presses Académiques Francophones

Impressum / Mentions légales

Bibliografische Information der Deutschen Nationalbibliothek: Die Deutsche Nationalbibliothek verzeichnet diese Publikation in der Deutschen Nationalbibliografie; detaillierte bibliografische Daten sind im Internet über http://dnb.d-nb.de abrufbar.

Information bibliographique publiée par la Deutsche Nationalbibliothek: La Deutsche Nationalbibliothek inscrit cette publication à la Deutsche Nationalbibliografie; des données bibliographiques détaillées sont disponibles sur internet à l'adresse http://dnb.d-nb.de.

Coverbild / Photo de couverture: www.ingimage.com

Verlag / Editeur:
Presses Académiques Francophones
ist ein Imprint der / est une marque déposée de
OmniScriptum GmbH & Co. KG
Heinrich-Böcking-Str. 6-8, 66121 Saarbrücken, Deutschland / Allemagne
Email: info@presses-academiques.com

Herstellung: siehe letzte Seite /
Impression: voir la dernière page
ISBN: 978-3-8416-3333-0

LES PERSONNAGES DE LIBUŠE ET DE VLASTA

DANS LES LITTERATURES TCHEQUE, ALLEMANDE ET AUTRICHIENNE

ENTRE 1800 ET 1848 :

FEMME ET NATION EN BOHÊME

par

Jean Boutan

« Denn Das, wovon ein Volk nicht spricht,
schildert es oft schärfer, als Das, wovon es spricht. »

Theodor Mundt, *Madonna : Unterhaltungen mit einer Heiligen*

Nous remercions le professeur Xavier Galmiche pour la direction attentive et critique de ce mémoire.

SOMMAIRE

INTRODUCTION
VLASTA : LIBUŠE, LE RETOUR ?

Les chroniques à l'origine d'un mythe national.

L'écrivain du *junges Deutschland* Karl Gutzkow (1811-1878) comparait en 1843 le monde slave à une cavalière, « *in enganschließender Amazonentracht, wild und sinnlich.* »[1] Cette allégorie n'est pas un phénomène isolé et se réfère à une imagerie qui s'est développée en Allemagne dès la fin du XVIII° siècle, associant les Slaves et *a fortiori* les Tchèques à des figures féminines. « *Slawische Herrscherinnen vor allem bereichern das theatralische Personal* »[2], commente Walter Schmitz. En s'appuyant sur le jeu de mots « fatal » de Friedrich Schlegel selon lequel les Slaves seraient un peuple d'esclaves, il montre qu'un système de représentations « *projiziert damit – in verdeckter Beunruhigung – das « Sklaven »-Motiv der Rechtlosigkeit und Unterordnung in jene – geschlechteranthropologisch grundierte – Diskussion um das Werden des Staates.* »[3] Dans le *Wallenstein* de Schiller, l'allégorie de la femme en armes est expressément liée à la question politique de la liberté du peuple tchèque :

> Die stolze Amazone da zu Pferd […]
> Könnt Ihr mir sagen, was das all bedeutet ?
> K e l l e r m e i s t e r. Die Weibperson, die Ihr da seht zu Roß,
> Das ist die Wahlfreyheit der böhm'schen Kron.[4]

Une telle typologie correspond à la même époque, chez Herder en particulier, à la volonté d'identifier dans la littérature mondiale des incarnations de l'esprit ou du *génie* d'un peuple. Dans le contexte tchèque, une telle aspiration à une axiologie générale des peuples coïncide avec la redécouverte de deux personnages féminins de l'histoire mythique du pays : Libuše et Vlasta.

La première mention qui en est faite se trouve dans la chronique de Cosmas de Prague (doyen à la cathédrale de Prague, vers 1045-1825)[5], écrite vers 1120, soit près de quatre siècles après la date présumée des événements : à savoir, l'installation des Tchèques en Bohême et la

---

[1] Cité dans SCHMITZ, Walter, « Utraquismus als poetisches Programm : Karl Egon Eberts Nationalepos 'Wlasta' zwischen 'Romantik' und 'jungem Deutschland' », in Höhne, Steffen et Ohme, Andreas (éd.), *Prozesse kultureller Integration und Desintegration : Deutsche, Tschechen, Böhmen im 19. Jahrhundert*, Oldenburgverlag, [Munich, 2005], p. 195.
[2] *Ibid.,* p. 185.
[3] *Ibid.,* p. 185.
[4] SCHILLER, Friedrich, *Die Piccolomini*, in *Wallenstein*, Deutscher Taschenbuch Verlag, Bibliothek der Erstausgaben, Munich, 2004, IV, 5, p. 184.
[5] Voir bibliographie.

fondation de Prague. Selon la chronique, Krok rendait justice dans la terre de *Bohême,* d'après le nom du chef de tribu qui s'y était installé le premier : Čech ou, dans le texte latin, Bohemus. La prophétesse Libuše est la fille cadette de Krok, élue par son peuple sur le trône de Bohême, de préférence à ses sœurs Teta et Kazi. Lors d'un procès, un plaignant conteste l'autorité des femmes : la souveraine injuriée est poussée par ses gens à prendre un mari, qu'elle désigne de façon prophétique en la personne du laboureur Přemysl. A l'épisode des noces de Libuše succède immédiatement l'épisode de la fondation de Prague (*Praha*). De son château de Libín ou Vyšehrad, Libuše envoie ses serviteurs construire la ville là où ils trouveront un homme édifiant un seuil (*prah*) et annonce dans une vision que la gloire de Prague *« confinera aux étoiles »*[6]. Cosmas évoque encore, après la mort de la souveraine, une rébellion des femmes contre les hommes, qui se termine par leur soumission à l'autorité masculine. Ce deuxième récit ne fait pas l'objet chez le chroniqueur de plus amples développements.

Les chroniques ultérieures donnent davantage de détails sur cet événement : au début du XIV° siècle, il occupe dans la chronique dite de Dalimil (1314)[7] plus de place que l'histoire de Libuše. Cette chronique assume elle aussi un rôle fondateur dans l'historiographie tchèque, dans la mesure où elle est la première écrite en tchèque et qu'elle défend un point de vue résolument hostile aux Allemands, notamment dans la prophétie de Libuše qui insiste tout particulièrement sur la solidarité des Tchèques. Au sujet de la « guerre des Amazones », la chronique propose une trame narrative définitive. Les femmes de Bohême sont menées par une certaine Vlasta, qui semble avoir eu les faveurs de la souveraine Libuše. Elles édifient un château qu'elles nomment *Děvín* (château des filles). Les hommes sont incrédules et rient des inquiétudes de leur souverain Přemysl, aussi sont-ils défaits à la première attaque du « bourg » des filles. Le chroniqueur décrit alors les ruses auxquelles recourent les femmes dans cette guérilla, qui culminent avec l'épisode de Šárka[8]. Les hommes répliquent en accueillant une délégation des rebelles à Vyšehrad, le château du souverain : ils massacrent alors les émissaires. Le conflit finit par la mort de Vlasta lors d'une ultime charge contre les hommes, et par la défaite des filles.

František Palacký (historien et philologue, éveilleur national, 1798-1876) décrit ce récit comme *« l'épisode le plus curieux de l'histoire tchèque. »* Au XIX° siècle, les débuts de l'historiographie tchèque abordent ces légendes d'un point de vue critique, en soulignant les

---

[6] Cité dans MICHEL, Bernard, *Histoire de Prague*, Fayard, Paris, 1998.
[7] Voir bibliographie.
[8] Réputée pour sa beauté, Šárka est attachée par les femmes à un arbre et libérée par Ctirad, qu'elle séduit et enivre, avant de le faire saisir par ses compagnes qu'elle appelle aux sons d'un cor de chasse. Les lieux du crime auraient été nommés d'après la jeune fille : instrument d'une ruse de guerre, le personnage de Šárka tend à s'autonomiser dans les réécritures de la légende à l'époque moderne, voire à figurer avec Libuše et Vlasta parmi les personnages de premier plan : ainsi dans la pièce perdue de Václav Thám (dramaturge, éveilleur national, 1765-1816 ?) *Vlasta a Šárka aneb děvčí boj na hradě Děvínu* [Vlasta et Šárka ou la bataille des filles au château de Děvín], ou encore le texte anonyme publié en 1864, *Vlasta a Šárka vůdkyně českých Amazonek* [Vlasta et Šárka, meneuses des Amazones tchèques]. Voir bibliographie.

caractères poétiques de tels récits et en les confrontant à d'autres mythes européens[9]. Une fois réfutée la thèse de leur valeur historique, il reste à identifier l'origine des motifs qui y interviennent. « *Es bedarf wohl keines besonderen Hinweises darauf,* commente František Graus, tout en soulignant la présence de réminiscences et de motifs récurrents, *daß in den beiden erwähnten Versionen der Přemyslidensage* [Cosmas et Christian] *tatsächlich merkwürdige und eigenartige auftauchen* »[10] : la question d'une origine populaire ou bien d'une formation strictement savante et lettrée de la tradition, ainsi que du rôle qu'y joue Cosmas de Prague, demeure ouverte. Graus avance qu'elle serait « *eine Erfindung Cosmas', der sie aus verschiedenen Topoi als quasi-offizielle Ideologie des Herrscherhauses zusammengeflickt habe* »[11]. En admettant d'une part l'antériorité de certains motifs aux diverses versions en jeu, cette thèse insiste, d'autre part, sur la fonction idéologique que pouvait avoir cette littérature dans le contexte relativement récent de son apparition.

Le renouveau que connaissent les chroniques au XIV° siècle, sous le règne du roi de Bohême et empereur du Saint Empire germanique Charles IV, illustre bien cette réutilisation politique de *topoï* dont Cosmas, selon Graus, serait déjà tributaire. Dans les chroniques écrites sur la commande de l'empereur par Pulkava, Neplach ou Marignola, le récit de la fondation est réinterprété à des fins de célébration du règne actuel et de refondation de la grandeur bohême. C'est dire que la perspective prise par les chroniqueurs du XIV° siècle est *mutatis mutandis* comparable à la refondation de la nation au XIX° siècle, lors du mouvement dit de l'Eveil national : de manière significative, le règne de Charles IV apparaît, au terme de ce processus, associé à la légende de Libuše. Ce n'est donc pas par hasard que les *Staré pověsti české* [Anciennes légendes tchèques] de Jirásek (auteur historiciste, 1851-1930)[12] reprennent une prétendue prophétie de la première souveraine de Bohême, selon laquelle l'âge d'or serait ponctuellement restauré sous le règne de Charles IV. On remarque néanmoins que cette mise en abyme historique conduit à évincer Vlasta et ses Amazones du système de représentations lié à la construction nationale.

---

[9] Mais aussi au manuscrit de Zelená Hora publié par Václav Hanka (philologue et éveilleur national, 1791-1861) en 1818, qui avait alors valeur de source historique et était réputé plus ancien que la chronique de Cosmas. Un rôle semblable à celui de ce célèbre faux de la littérature tchèque dans l'historiographie peut être assigné, au XX° siècle, à la légende de Christian, dans laquelle Dušan Třeštík voit une mention de Libuše antérieure à Cosmas : elle proposerait donc une alternative au témoignage de Cosmas. Cette « légende de Christian » est un texte en latin portant principalement sur les vies de sainte Ludmila et de Saint Venceslas. Il remonterait au X° siècle : Dobrovský le considérait comme un faux datant du XIV° siècle et il a fallu attendre le XX° siècle pour que l'historien Josef Pekař réhabilite la thèse de son authenticité.
[10] GRAUS, František, « Kirchliche und heidnische (magische) Komponenten der Stellung der Přemysliden : Přemyslidensage und St. Wenzelsideologie », in Graus, František et Ludat, Herbert (éd.), *Siedlung und Verfassung Böhmens in der Frühzeit*, Otto Harrassowitz, [Wiesbaden, 1967], p. 152.
[11] *Ibid.*
[12] Voir bibliographie.

Libuše ou Vlasta ? La lecture moderne des chroniques.

« *Merkwürdig ist,* note le représentant de la littérature biedermeier Franz Grillparzer (1791-1872), *welche große Rolle in der alten böhmischen Geschichte die Weiber spielen.* »[13] Pourtant, la légende de la prophétesse Libuše et de la guerrière Vlasta présente pour le lecteur moderne une singularité qui ne tient pas seulement au rôle exceptionnel qu'y jouent les personnages féminins, dans la mesure où l'on retrouve dans les diverses traditions européennes des récits similaires et notamment les paradigmes de la sibylle et de l'Amazone ; mais plutôt à sa singularité dans son contexte historique et social d'apparition, accentuée par l'absence de sources directes sur le sujet. Rien n'indique en effet que le matriarcat eût existé chez les peuples slaves à l'époque où les chroniqueurs situent les faits qu'ils relatent : les chroniques elles-mêmes demeurent du reste ambiguës quant au statut exact d'un tel matriarcat, qui ne semble se vérifier que dans les projets politiques démesurés de Vlasta en Bohême. En réalité, la légende s'ancre dans un contexte précis davantage par sa toponymie que par sa chronologie historique : mais la linguistique montre que les étymologies proposées à cette occasion (*Praha, Děvin, Šárka*) confèrent avant tout au texte un caractère pseudo-historique et par conséquent éminemment littéraire[14].

On peut donc envisager trois interprétations de ces légendes, à savoir : soit qu'elles témoignent du matriarcat dans les tribus slaves, soit qu'elles reposent sur l'intertextualité, soit qu'elles traduisent des mythes et des rituels religieux. Cette dernière approche, on l'a vu, paraît satisfaire le mieux à l'étude des origines slaves de la légende, à défaut de sources originales. Dans *Histoire de Prague*, Bernard Michel retient de ces premières mentions de la ville la tripartition analysée par Dumézil dans les mythes indo-européens, c'est-à-dire la partition de la société en fonctions productrice, guerrière et sacrée. Néanmoins, en prenant seulement en considération le mythe fondateur de l'histoire de Prague, à savoir Libuše et son mariage avec Přemysl, il ne rend pas compte de sa cohérence possible, dans un contexte mythique plus vaste, avec une guerre des femmes apparemment anecdotique. Or, c'est précisément en s'appuyant sur cet « épisode » que Martin Golema, dans son article « *Kosmova a Dalimilova 'Divčí válka' ako metafora indoeurópskej vojny funkcií* », montre que les légendes tchèques illustrent *de facto* les thèses de Dumézil.

---

[13] Cité dans « Utraquismus als poetisches Programm », *op. cit.*, p. 176.
[14] A titre d'exemple, nous citons le commentaire que fait Palacký de la légende sur la fondation de Prague : « *Diese Deutung des Namens ist aber zu gesucht, als daß man ihr Beifall schenken könnte. Das Wort* prag *bedeutete in der alten Landssprache nicht bloß eine Schwelle, sondern auch diejenigen abschüssigen schwellenähnlichen Stellen in einer Strombette, welche Wasserfälle bildeten ; und irren wir nicht, so war der Urbegriff des Wortes eine stufen- oder schwellenartige Erhöhung überhaupt.* » (PALACKÝ, František, *Skizze einer Geschichte von Prag*, Odeon, Prague, 1983, p. 10)

Selon lui, il faut lire le soulèvement des femmes comme une image de la fonction productrice entrant en conflit, conformément à l'analyse dumézilienne, avec les fonctions guerrière et sacrée. Une telle interprétation jette un jour nouveau sur l'articulation des légendes de Libuše et de Vlasta. Deux aspects sont à prendre en compte. Premièrement, en supposant que ces légendes soient le reliquat des mythes fondateurs de la dynastie des Přemyslides, la guerre des femmes se voit investie d'un rôle central dans le contexte de fondation, puisqu'elle entérine à terme l'alliance de la fonction militaire et de la fonction religieuse, légitimant ainsi le pouvoir. Deuxièmement, elle donne à la féminité un caractère secondaire, à savoir métaphorique, dans la constitution de la société politique : la femme apparaît comme une construction poétique destinée à incarner des principes cosmiques et politiques qui dépassent le conflit des sexes. Golema qualifie ce conflit d' « *accessoire (et non principal, dominant)* »[15] au regard des enjeux historiques et politiques de la fondation de l'Etat, avant de clore : « *Nous en concluons que la 'guerre des femmes' n'est pas un appendice secondaire et un peu bizarre des légendes dynastiques tchèques, mais au contraire, elle en représentait vraisemblablement le centre et a même donné son nom à la première dynastie régnante dans les Pays tchèques* »[16].

Il ne nous appartient pas de discuter la validité de ces thèses mais, en y recourant, de souligner par contraste les caractères propres de la relecture de ces légendes au XIX° siècle et, par suite, des interprétations du XX° siècle qui en sont tributaires. Le renouvellement majeur qui affecte alors les récits relatés par les chroniqueurs tient à leur psychologisation ainsi qu'à leur inscription dans des contextes nationaux nouveaux. En admettant l'interprétation dumézilienne que nous avons exposée, on constate un double malentendu dans la réécriture du mythe au XIX° siècle au sujet des motifs de la féminité, aussi bien que de la fondation de l'Etat. La discussion d'un statut pour le « sexe faible » obtient dans l'époque de réception une place prédominante, avec la définition de modèles alternatifs de féminité qu'illustre bien, en 1802, le drame de Schiller *La Pucelle d'Orléans* : la période que nous nous fixons pour objet correspond aux débuts du féminisme en Europe centrale et notamment en Allemagne. En second lieu, le motif de la fondation de l'Etat est confondu avec les questions de l'Eveil national. Si les mythes fondateurs ont été souvent réutilisés à des fins panégyriques, comme c'est le cas sous le règne de Charles IV, l'enjeu est ici la définition de la nation comme outil d'interprétation historique.

L'opposition des personnages de Libuše et de Vlasta tient donc à partir de là aux relations qu'entretiennent la femme et la nation dans la première moitié du XIX° siècle. Cette articulation se double en Europe centrale et notamment dans la Bohême tchéco-germanique des problèmes que

---

[15] GOLEMA, Martin, « Kosmova a Dalimilova 'Dívčí válka' ako metafora indoeurópskej vojny funkcií », in *Žena v české a slovenské literatuře*. Slezská univerzita v Opavě, [Opava 2006]. P. 17 : « *pomocná (nie hlavná, dominantná) dištinkcia 'mužský-ženský'* ».
[16] *Ibid.*, p. 29 : « *Ak teda zhrnieme, 'dívčí válka' nie je nepodstatným a trochu bizarným príveskom českej dynastickej povesti, naopak predstavovala pravdepodobne jadro, dala dokonca meno prvej českej panovníckej dynastii.* »

pose une construction nationale à plusieurs vitesses, selon les « nations » envisagées, ainsi que la différence des situations sociales et politiques (de la femme en particulier) selon les régimes et les milieux intellectuels en jeu. On citera, à titre d'exemple, les tendances féministes à l'œuvre chez les auteurs du *junges Deutschland* et, par contraste, la gêne dont parle Vladimír Macura, dans le chapitre de *Český sen* portant sur Libuše, des éveilleurs nationaux (on appelle ainsi les écrivains et intellectuels qui, depuis la fin du XVIII° siècle, ont promu le renouveau national par la défense et l'illustration de la langue et de l'histoire tchèques) vis-à-vis de la dimension sexuée des mythes fondateurs. L'opposition croissante des Allemands et des Tchèques s'articule à son tour autour de l'Empire habsbourgeois et de la question Bohême, avant que le printemps des peuples n'en redéfinisse les termes et ne close par là-même la première époque d'une renaissance des personnages de Libuše et de Vlasta, qui fera l'objet de notre étude.

A cet égard, nous empruntons ici la définition extensive du *Vormärz* proposée par Hélène Leclerc au début de son ouvrage sur les écrivains de langue allemande de Bohême, *Une littérature entre deux peuples*, comme une période où l'espace bohême, caractérisé par la coexistence de populations allemandes et tchèques, demeure encore relativement homogène avant la cristallisation des conflits en 1848. L'étude de cet espace et des mouvements dits du « bohémisme » (*Bohemismus*) ou encore de l'« utraquisme bohême » est récente. Hélène Leclerc souligne que ces mouvements n'ont « en tant que courant, fait l'objet d'aucune étude synthétique jusqu'à une date récente. »[17] A plus forte raison, la recherche portant sur les figures nationales que sont Libuše et, dans une moindre mesure, Vlasta, accuse un fort dualisme germano-tchèque. On ne trouve sur cette période qu'une seule monographie allemande consacrée à Libuše, à savoir l'étude d'Emanuel Grigorovitsa *Libussa in der deutschen Literatur* datant de 1901. Son pendant tchèque pourrait être le chapitre déjà évoqué de *Český sen* de Vladimír Macura. Le personnage de Vlasta en tant que tel est généralement délaissé au profit de l'étude des « amazones », comme dans l'article de Dalibor Tureček « Amazonky na hranici humoru a travestie »[18] ou celui de Pistorius sur les amazones tchèques et françaises[19].

Les études comparatives concernant les textes en question portent en général sur la thématique de la femme et confondent prophétesse et guerrière sous la même appellation d'« amazone ». Il ne s'agit pas de discuter l'exactitude historique de ce terme déjà employé, pour Vlasta du moins, par des chroniqueurs comme Hájek. Le modèle de la vierge en armes développé après *La Pucelle d'Orléans* de Schiller et qu'on pourrait encore illustrer par la Penthésilée de Kleist

---

[17] LECLERC, Hélène, *Une littérature entre deux peuples : écrivains de langue allemande en Bohême, 1815-1848*, Presses universitaires du Mirail, Université de Toulouse-Le Mirail 2011, p.17.
[18] Voir bibliographie.
[19] Voir bibliographie.

(dramaturge romantique allemand, 1777-1811)[20] ou, plus tard, la Brunhilde de la pièce historiciste *Les Nibelungen*, de Hebbel (1813-1863)[21], en justifie l'acception au sens large de femme investie des attributs traditionnels du masculin, telle qu'on pouvait la concevoir au XIX° siècle. Il n'en reste pas moins que le dualisme culturel que nous avons décrit semble invalider, du moins sur l'ensemble de l'espace envisagé, la thèse *gender* telle que définie par Julia Neissl, selon laquelle le conflit des sexes suffit à rendre compte de la cohérence de l'œuvre étudiée. Pour pertinentes qu'elles puissent être, ces interprétations représentent en général un point de vue strictement allemand et ne suffisent donc pas à expliquer les rapports qu'entretiennent la femme et une nation que l'on conçoit encore comme un ensemble bohême complexe.

Mais ce n'est pas seulement du point de vue de leur rapport à la construction d'un espace national qu'il convient de distinguer les figures de Libuše et de Vlasta. L'assimilation des deux personnages au titre de l'inversion des attributs du féminin et du masculin donne naturellement un rôle de premier plan à leur opposant masculin qu'est Přemysl, comme le souligne avec raison William C. Reeves dans son article « The *Libussa* controversy : some thoughts on male dominance » (pour conclure néanmoins à une contradiction entre la phallocratie qu'il analyse dans sa lecture psychanalytique de la pièce de Grillparzer et la reconnaissance sociale des femmes par l'auteur). Přemysl est de fait un représentant de l'autorité masculine, mais un personnage littéraire faible, dont les auteurs peinent à saisir la cohérence d'une légende à l'autre. En revanche, en définissant avec Dumézil le pouvoir étatique comme alliance des fonctions sacrée et militaire, on peut espérer établir une inversion différenciée des attributs respectifs de ces deux fonctions dans les cas de la prophétesse Libuše et de la guerrière Vlasta ; et éclaircir les modalités précises de leur opposition à Přemysl, aussi bien que le statut politique de la femme dans les textes du *Vormärz*.

Les modèles de la réécriture du mythe au XIX° siècle.

Au renouvellement du contexte historique et politique européen correspond donc, de façon relativement tardive, le premier renouvellement des motifs légendaires liés aux personnages de Libuše et de Vlasta. Graus relève que c'est seulement avec le romantisme que le cycle de légendes hérité des chroniques connaît une renaissance, qui a d'abord pour conséquence sa popularisation :

---

[20] Pour la comparaison des personnages de Libuše et de la Penthésilée de Kleist, voir notamment le mémoire de Julia NEISSL, « *Anmutige Kriegerin und warmherzige Regentin* » : *Geschlechterpositionen in Kleist « Penthesilea » und Grillparzers « Libussa »* (Salzburg 1997), ou encore l'article de Ritchie ROBERTSON, « On the threshold of patriarchy : Brentano, Grillparzer and the Bohemian amazons » (in *German life and letters*, Blackwell Publishers, [Oxford/Cambridge 1993] ; tome XLVI, pp. 202/219).
[21] Voir l'article de Francis-James LAMPORT, « History, Myth and Psychology in *Libussa* and *Die Nibelungen* », in *From Perinet to Jelinek : britische und irische Studien zur deutschen Sprache und Literatur,* eds. H.S. Reiss et W.E. Yates, [Oxford 2001]. Tome XXVIII. P. 79/88.

jusqu'alors, en effet, il n'y a pas trace d'une tradition populaire, mais seulement de la tradition lettrée des chroniques. Pour la plupart, les auteurs de l'époque n'ont pas pour autant directement recours aux premières sources de la légende mais, déjà, à des réécritures tardives et en tout premier lieu à la *Chronique tchèque* de Václav Hájek de Libočan (prêtre et chroniqueur, mort en 1553), qui en est la version la plus récente, la plus accessible et la mieux popularisée, quoique son caractère pseudo-historique eût été critiqué dès le XVIII° siècle par Gelasius Dobner (moine piariste, historien, 1719-1790). František Palacký décrit la situation en ces termes : « *Das romantische Gebäude täuschte, durch kühne Anlage und fleißige Ausführung, selbst Geschichtforscher von Verdienst ; im Volke genießt es noch jeßt fast unbedingten Glauben, und bei Dichtern ist es als eine reiche Fundgrube von jeher beliebt.* »[22]

Hájek conserve la trame narrative que l'on trouve déjà chez Cosmas et chez Dalimil, qu'il enrichit par des inventions propres. Du point de vue de la forme, il historicise le récit légendaire en proposant une datation précise des événements et de nombreuses étymologies en ce qui concerne la toponymie, à l'exemple de la désignation de Prague comme seuil, que l'on la trouvait déjà chez ses prédécesseurs. Son traitement des épisodes que nous considérons ici tend à une sacralisation de la fondation de l'Etat, notamment par une série de miracles qui accompagnent l'élection de Přemysl par la souveraine : le soulèvement féminin apparaît en revanche sous un jour strictement négatif. Vlasta est interprétée comme une figure de l'orgueil[23] : elle, la servante et favorite de Libuše, finit par se proclamer égale et même supérieure à sa maîtresse défunte et à ses sœurs dans leurs arts respectifs. Non content de la décrire comme une usurpatrice, Hájek l'accuse explicitement de sorcellerie, en introduisant dans la légende le motif de filtres magiques qui éveillent la haine des filles contre les hommes. Vlasta accède ainsi dans la *Chronique tchèque* à un statut qu'elle n'avait pas auparavant : en effet, la stylisation du personnage conduit à l'opposer directement à Libuše, comme son pendant négatif.

---

[22] PALACKÝ, František, *Geschichte von Böhmen,* Kronberger et Weber, Prague, 1836*,* p. 84. Dans la traduction tchèque publiée après 1848, Palacký applique directement le qualificatif de « romantique » à la mine (*Fundgrube*) que les poètes trouvent dans la chronique de Hájek : « *básnici pak w romantickém skladu tomto si libujíce* » (*Dějiny národu českého w Čechách a w Morawě dle půwodních pramenůw,* F. Tempský, Prague, 1876, livre I, chapitre premier : « Od prwowěkosti až do roku 1125 », note 29, p. 102).
[23] Walter Schmitz analyse chez Brentano et chez Ebert, au sujet de Libuše et de Vlasta, « eine christliche Eva-Maria Typologie » (voir SCHMITZ, Walter, « Utraquismus als poetisches Programm », *op. cit.*, p. 190). Elle apparaît déjà, selon nous, dans la chronique de Hájek, qui sert de source à l'un et l'autre auteur. Davantage, le procès en sorcellerie qui est intenté à Vlasta semble partager avec l'Inquisition une problématique commune : à savoir la question de la distinction entre vrais et faux prophètes, dans la mesure où ils représentent une menace pour l'institution dans son caractère sacré (ici incarnée par Přemysl). De la part du catholique Hájek, l'enjeu de l'opposition entre la prophétesse et la sorcière, autant qu'entre l'épouse et la vierge révoltée, serait de garantir la légitimité de l'institution : selon sa *fonction* idéologique, on pourrait interpréter cette chronique comme une « quasi-idéologie », ainsi que le propose Graus pour les chroniqueurs médiévaux et au premier chef pour Cosmas (voir «Kirchliche und heidnische (magische) Komponenten der Stellung der Přemysliden », *op. cit.*, p. 157 : « *zur eigentlichen Staatsideologie ist ja die ganze Přemyslidensage im Mittelalter nicht geworden : zu diesem Rang stieg sie erst durch die romantische Historiographie empor* »).

Pour les réécritures de la légende au XIX° siècle, la démarche délibérément réflexive du chroniqueur a pu être tout aussi déterminante, notamment en ce qui concerne la relation d'un peuple à son passé et, en second lieu, l'ambivalence de la notion de Bohême. Dans sa préface, Hájek fait de l'histoire le pendant du prophétisme, en mettant en parallèle considérations du passé et de l'avenir : « *si les prophètes, par opération divine et initiative du Saint Esprit, n'ont pas manqué d'indiquer les choses futures ; l'activité humaine n'a certes pas omis d'écrire les choses passées.* »[24] L'histoire tchèque évolue ainsi entre les prédictions de la prophétesse Libuše (chez Hájek, elle annonce surtout les saints tutélaires de la Bohême Adalbert et Venceslas) et l'écriture rétrospective du chroniqueur. Celui-ci relève aussi, au terme de son introduction, l'écart entre « Bohême » et « pays tchèque » : « *Boemus Czech, c'est une grande différence. Boemia terre tchèque, voilà qui va bien mal ensemble, on devrait sans doute l'appeler Tchéquie, d'après les Tchèques [...]. Mais pour harmoniser tout cela, certains s'accordent pour dire que nous, Tchèques, tenons notre pays des Germains, nos origines et notre langue des Slaves.* »[25]

A maints égards, la chronique de Hájek constitue une sorte de vulgate bohême, dont l'accès aux lecteurs germanophones est facilité par des traductions et notamment, pour le XVIII° siècle, la traduction de Sandel publiée à Leipzig en 1718. On recense les premières réécrites des légendes de Libuše et de Vlasta à la fin du siècle : dans le contexte du *Sturm und Drang*, elles témoignent d'une tentative de renouveler les formes classiques par des sujets locaux, mais aussi du caractère encore très anecdotique de ces motifs dans la littérature de l'époque, dans la mesure où la plupart de ces œuvres demeurent sans postérité littéraire. Ainsi, la première occurrence du personnage de Libuše que relève Emanuel Grigorovitsa dans son étude *Libussa in der deutschen Literatur* est le manuscrit d'une pièce dont la première de couverture est arrachée et qui porte encore, sur le reste de la page, les mots : « *Orisma, Königin von Böhmen, Sigislaus, ihr Vetter, ein Prinz desselben Reichs...* » Libuše n'est donc même pas nommée, seul l'argument de la pièce permet de l'identifier. Nos personnages semblent aussi accompagner les commencements de la littérature tchèque avec, en 1788, la pièce de Václav Thám *Vlasta a Šárka aneb Děvčí boj na hradě Děvínu* : comme la plupart des œuvres de cet auteur, cette pièce est désormais perdue.

Il n'en reste pas moins qu'un certain nombre de titres indiquent l'intérêt des écrivains germanophones de l'époque pour le sujet. Grigorovitsa mentionne encore deux romans, l'un publié

---

[24] HÁJEK Z LIBOČAN, Václav, *Kronika česká*. 1541. (voir bibliographie) « *Budúcych prorokowé wnuknutijm Božskym, a puwodem Ducha swateho, oznamowatí nezmesskali, minulych owssem lidská pilnost psáti nezanedbala* ». (sauf mention contraire, les traductions sont de nous)

[25] *Ibid.* : « *Boemus Czech, to gest weliky rozdijl. Boemia Czeská zemie, to se welmi netreffuge, snad by radiegij miela sluti Czechya od Czechuow [...]. Ale aby se to obě trefiti mohlo, snassegij se wtom niekteřij, takto prawijce, že my Czechowé mame nassij wlast od Germanuow, a rod i jazyk od Slowakuow.* » Cette position n'est pas celle de Hájek, qui fait remonter le nom de « Bohême », comme nous, aux Boiens, qu'il nomme *Boemowe* ; en revanche, il mentionne bien un premier peuplement germanique de la Bohême, avant l'arrivée des Tchèques.

13

anonymement à Leipzig en 1791 : *Libussa, Herzogin von Böhmen, eine Geschichte aus der Ritterzeiten* et l'autre par un certain « Albrecht » à Hambourg l'année suivante : *Die Töchter Kroks, Böhmens Fürstinnen, eine Geschichte des achten Jahrhunderts*. Paraissent enfin deux pièces plus ambitieuses, celle de Karl Franz Guolfinger von Steinsberg (écrivain proche du Sturm und Drang, 1757 ?-1833) en 1779 (Prague, Brno, Olomouc) : *Libussa, Herzogin von Böhmen* et la réponse que lui fait Johann Nepomuk Komarek (1757-1819) en 1793 (Plzeň et Leipzig) : *Przimisl*. Il est possible que le poète romantique Clemens Brentano (1778-1842) fasse référence à ces deux œuvres quand il prétend avoir lu tout ce qui s'est écrit sur le sujet avant de composer son poème dramatique *Die Gründung Prags*, qui aurait alors valeur de synthèse pour le début du XIX° siècle : néanmoins, comme il n'y a dans son œuvre aucune trace de leur lecture, nous ne les commenterons pas davantage ici et considérerons seulement les œuvres dont la postérité au siècle suivant est avérée. Notre étude du long XIX° siècle commencera donc avec les œuvres de Herder (philosophe et théologien protestant, 1744-1803) et de Musäus (auteur de contes et de romans satiriques, 1735-1787), en datant de la pièce de Brentano la renaissance de la « geste » de Libuše, comme le fait sans doute Palacký quand il évoque la relecture romantique du mythe.

En choisissant de considérer d'abord les modèles de ces réécritures dans leur caractère romantique, puis la réutilisation ultérieure des *motifs* du romantisme (et non de ses formes littéraires), avant d'en envisager la déconstruction critique tant du point de vue de la satire que du point de vue de la réflexion politique, nous n'entendons certes pas suivre un processus chronologique, qui serait inexact sur cette période relativement courte qu'est la première moitié du XIX° siècle ; et complètement faux dans le cas de l'*epos* héroïcomique de Hněvkovský, qui représente, en 1805, l'une des premières œuvres de notre corpus. Il s'agit davantage d'interroger le rôle des œuvres dans la constitution ou non d'un genre littéraire et national ; et en s'appuyant sur les divers mouvements esthétiques d'Europe centrale (*Romantik, Biedermeier, Epigonentum, Junges Deutschland*), d'essayer de définir l'*espace* littéraire bohème tel qu'il se présente dans les réécritures de ses mythes fondateurs. Ce faisant, nous emploierons la notion de « Bohême » pour désigner le pays ou l'espace de cohabitation de populations tchèque et allemande ; et réserverons le terme de « tchèque » ou de « Pays tchèques » lorsque l'idée d'un peuple-nation sera plus univoque[26].

---

[26] Nous adoptons systématiquement l'orthographe tchèque moderne des noms des personnages cités dans les chroniques, en précisant entre parenthèses la forme employée par chaque auteur, quand il y a lieu. – On ne recourra pas à une terminologie systématique pour traduire les termes employés en allemand ou en tchèque pour désigner les « femmes » ou « filles », à cause de la polysémie des termes utilisés. Chez Loèves-Veimars, la traduction par « guerre des servantes » du titre de Carl Franz van der Velde « Der Mägdekrieg » témoigne des incertitudes sémantiques de l'époque (voir bibliographie).

Peuple et populaire : la ballade de Herder « Die Fürstentafel ».

Johann Gottfried Herder pose dans son œuvre les fondements théoriques et poétiques d'une pensée des peuples à l'échelle européenne et en particulier d'un renouveau du monde slave. Ses recueils de *Volkslieder* et l'interprétation qu'il en donne, dans ses avant-propos notamment, comme expression du génie d'un peuple, initient dans une large mesure l'intérêt nouveau des philologues et des littérateurs pour des formes de poésie locale et populaire : et ce jusqu'au mouvement folkloriste qui devait se développer par la suite. Il est significatif que la figure fondatrice de Libuše soit évoquée dans un tel contexte, par le poème « Die Fürstentafel : eine böhmische Geschichte » [La table seigneuriale : une histoire tchèque], au deuxième livre du second recueil des *Volkslieder*, publié en 1779[27]. Il ne s'agit pas ici de discuter l'influence de la pensée de Herder sur les développements des mouvements nationaux et slaves, mais de nous concentrer sur le statut du personnage somme toute anecdotique que donne à voir Herder dans son poème. Celui-ci consiste en une mise en vers par Herder lui-même du récit de Hájek, dont une traduction latine avait été publiée à Prague en 1763 : il figure dans le recueil aux côtés de poèmes de Goethe (« Ein Fischer saß im Kahne » et « Roslein auf der Heide ») ou de traductions des *Chants d'Ossian*.

« Die Fürstentafel » compte parmi les poèmes qui ne sont pas à proprement parler des « chants populaires » : le récit n'obtient son caractère lyrique que de l'arrangement qu'en propose l'auteur. Herder réécrit la légende sous la forme syncrétique d'une ballade : si ses sources ont d'elles-mêmes un caractère narratif, l'aspect dramatique du poème transparaît dans les deux *scènes*, ou tableaux, par lesquelles sont représentés le tribunal de Libuše (Libussa) et l'élection de Přemysl, conformément au récit qu'en donne Hájek ; tandis que l'aspect lyrique du poème, de manière significative, culmine dans une invention de Herder, l'apparition de la déesse Klimba à Libuše, qui sert de transition entre les deux scènes. Les quelques vers prononcés par Klimba sont répétés mot pour mot par Libuše, à la manière d'un refrain. C'est donc une forme populaire *ad hoc* que l'auteur propose pour rafraîchir le récit des chroniqueurs. Herder illustre d'emblée le lyrisme propre du peuple tchèque par une réécriture. Il ne pose pas seulement les fondations théoriques, mais aussi les fondations formelles du lyrisme romantique, proposant des modèles ou, selon ses propres mots, des *tons* populaires (*Weise*) appelés à se constituer en un véritable genre littéraire.

---

[27] HERDER, Johann Gottfried, *Volkslieder II*, in *Werke*, éd. Baier, Ulrich, Deutscher Klassiker Verlag, Francfort, 1990, tome 3. Voir le texte en annexe.

Dans cette perspective, le sujet est choisi pour ses qualités vernaculaires, assez souvent soulignées par les noms slaves qui sont cités dans le poème : la partie lésée « Rotzan » (Rozhoň), la rivière « Bila » ou encore la divinité slave Klimba. Cité sous ses formes latine (Primislaus) et tchèque (Przemysl), le nom du héros fait lui-même l'objet d'une paraphrase étymologique : « *Przemysl, der Denker* »[28]. Manifestement, l'élection du souverain constitue l'objet du poème, de même que sa quasi-apothéose :

> Und sie reiten und er spricht so gütig
> Und so weise, daß in seinem langen
> Kleide sie fast einen Gott erblickten.[29]

Dans son texte, Herder donne à voir une Libuše en majesté, qu'il représente uniquement dans ses fonctions de juge et de prophétesse. Grigorovitsa relève à ce sujet : « *Herder beginnt, wie in serbischen Lieder, mit der stereotypen rhetorischen Frage nach der Herkunft der Heldin und stellt sie unter mehrere Grossen ihres Stammes mitten auf einer grünen Au zu Gericht sitzend dar.* »[30] Cette vision monumentale, appuyée sur la référence formelle à des antiquités du monde slave, insiste sur le caractère symbolique et mythique du personnage : Libuše est représentée comme une allégorie.

Eu égard au projet comparatif de Herder, ainsi qu'à la référence formelle à d'autres peuples slaves que l'on trouve dans ce poème, on peut se demander dans quelle mesure cette allégorie du peuple tchèque s'articule à des ensembles européens plus vastes. Le premier état du manuscrit contient une description plus précise du gouvernement initial de Libuše :

> Milde Pflegerin und selbst der Fremden
> Frohe Zuflucht war sie stets gewesen.[31]

L' « étranger » était donc inclus dans la conception initiale du poème. On peut supposer que Herder a écarté ces vers pour éviter la répétition du terme ambivalent « *fremd* », qui est employé par les envoyés de la souveraine pour apostropher Přemysl : « *Sei uns gegrüßet, Fremder* »[32]. Reste que la fable ne conte pas seulement l'élévation d'un laboureur au trône de Bohême, mais aussi l'élection d'un inconnu : si l'on admet que Libuše ait fonction d'allégorie ou de symbole pour son peuple, ainsi qu'on l'a clairement affirmé plus tard dans les pays tchèques, la ballade de Herder semblerait

---

[28] *Ibid.*, v. 92. Selon Šafařik, « Přemysl » signifierait « celui qui pense en avance ».
[29] *Ibid.*, v. 131-133.
[30] GRIGOROVITSA, Emanuel, *Libussa in der deutschen Literatur*, Alexander Duncker, Berlin, 1901, p. 19.
[31] HERDER, Johann Gottfried, *Volkslieder II*, op. cit.
[32] *Ibid.*, note 343, p. 1149.

défendre des positions politiques non exclusives, dans l'esprit du cosmopolitisme dominant à la fin du XVIII° siècle.

Johann Karl Musäus, Libussa : *un* Kunstmärchen.

Tout en insistant sur les divergences entre les deux textes, Grigorovitsa souligne que c'est sans doute le poème de Herder qui a déterminé Johann Karl Musäus à écrire un conte sur le personnage de Libuše[33], qu'il édite sous le titre « Libussa » dans les *Contes populaires allemands* [*Volksmärchen der Deutschen*] publiés entre 1782 et 1786. Le texte de Musäus diffère de la ballade de Herder tant par la forme que par les sources : il se réfère explicitement, à l'occasion d'une note, aux chroniques de Dubravius (évêque d'Olomouc, humaniste, 1486-1553) et d'Aeneas Sylvius (Aeneas Sylvius Piccolomini, plus tard pape Pie II, 1405-1464)[34]. Le récit qui en résulte présente de la légende une version assez originale pour servir d'alternative à Hájek chez les auteurs germaniques : cela explique sans doute la postérité que Musäus a connue dans les réécritures de la première moitié du XIX° siècle, même si ses contes n'anticipent aucunement, d'un point de vue formel, sur la génération romantique, pas davantage qu'ils ne satisfont aux exigences d'un « *Volksmärchen* » telles qu'elles avaient pu être esquissées par Herder dans ses *Volkslieder*. Vis-à-vis de la révolution romantique telle qu'elle se manifestera le mieux chez Brentano, Musäus reste un auteur de l'ancien régime, *a fortiori* lorsqu'il compte l'histoire de Libuše, de manière univoque, au nombre des contes *allemands* et ignore, ce faisant, les aspects tchèques du sujet[35].

Le projet de « Libussa » semble être plutôt de conformer le récit de la légende aux conventions littéraires du conte, en quoi Musäus apparaît en représentant du *Kunstmärchen*, davantage qu'en pionnier du *Volksmärchen* que théorise le romantisme. La légende se voit enrichie d'éléments merveilleux qu'elle ne connaissait pas : les premiers habitants de la Bohême sont ainsi « *ein geistiges Völklein, lichtscheu und luftig, auch unkörperlich, feiner geartet als die aus fettem Thon geformte Menschheit, und darum unempfindbar dem gröbern Gefühlssinn, aber dem verfeinerten halbsichtbar bei Mondenlicht, und wohlbekannt den Dichtern unter dem Namen der Dryaden und den alten Barden unter dem Namen der Elfen.* »[36] Les trois filles de Krok ont donc pour mère une Elfe et c'est d'elle qu'elles tiennent leurs dons magiques : de même, c'est à la

---

[33] GRIGOROVITSA, Emanuel, *Libussa in der deutschen Literatur, op. cit.*, p. 21.
[34] « *Nach Jo. Dubravii Historia Bohemica und Aeneae Sylvii Cardinalis de Bohemorum origine ac gestis Historia* » (MUSÄUS, Johann Karl August, *Volksmärchen der Deutschen*. Kaulfuss et Krammer, Vienne, 1825, p. 361). Musäus cite fréquemment en notes l'un ou l'autre auteur.
[35] Et, de manière significative, le personnage trop singulier de Vlasta. Par « aspects tchèques du sujet », nous entendons la détermination nationale de la légende, telle que Herder s'efforçait de la souligner dans sa ballade, d'ailleurs sous-titrée « histoire tchèque » (*böhmisch*).
[36] *Volksmärchen der Deutschen, op. cit.*, p. 361.

mythologie germanique (plutôt qu'à la mythologie slave) que le conte emprunte ses éléments de merveilleux. Musäus invente les noms des personnages secondaires : les sœurs aînées se nomment Therba et Bela ; les prétendants de Libuše, Mizisla et Wladomir.

Le traitement des personnages aussi se rapproche considérablement des conventions du conte, avec notamment le motif de l'humilité récompensée. Dans « Libussa », les sœurs aînées deviennent arrogantes et prétentieuses : *« Libussa hatte nicht den stolzen, eitlen Sinn ihrer Schwestern. »*[37] L'investiture de la cadette sur le trône de Bohême est parallèle à l'amour qu'elle éprouve pour un modeste laboureur, Primislas, de préférence aux deux prétendants nobles qui se disputent sa main et à qui elle confie la pomme qui doit les départager : *« mit dem Beifügen, solchen friedlich unter sich zu teilen, ohne ihn zu zerschneiden »*[38]. Quant à Primislas, c'est le fils d'un vieux chevalier sans fortune, en conflit avec un voisin beaucoup plus puissant. Libussa s'est éprise de lui avant même d'être couronnée, ce qui donne à un choix apparemment prophétique des antécédents amoureux qui étaient absents de la version herderienne de la légende. Alors que son prédécesseur interprétait comme une allégorie et un mythe le motif de la femme régnante, Musäus réduit son personnage à une princesse de contes de fées, qu'il ne manque pas de surnommer « Fräulein Libussa » avec une nonchalance que lui reproche Grigorovitsa : *« Nicht minder stilwidrig ist es, wenn Musäus der Koketterie der heranwachsenden beiden älteren Schwestern [...] manche gesellschaftlichen Züge leiht, wozu auch die stete Bezeichnung « Fräulein » gehört. »*[39]

A cet égard, on peut établir un parallèle entre le sort que l'auteur fait à ses personnages féminins et la négligence qu'il manifeste à l'égard des aspects nationaux ou populaires de son sujet : cela au profit d'une stylisation érudite tributaire des contes du XVIII° siècle, notamment des contes de fées orientaux et français qu'il désigne dans son introduction sous le terme de *« Feereien »*. En résulte une *fantaisie* éclectique où les motifs inspirés des chroniques ou d'autres traditions littéraires (Musäus allègue aussi bien Zénobie que l'*Obéron* de Wieland) sont détournés à des fins fréquemment satiriques – ainsi le juge qui départage les deux prétendants alors qu'ils se disputent la pomme que Libuše leur a donnée : *« während daß der Hirte das objectum litis mit aller Gemächlichkeit, die den Richtern gewöhnlich ist, verzehrte. »*[40] Certes, ce style paraît obsolète aux yeux des romantiques : Achim von Arnim (écrivain romantique, 1781-1831), encore selon Grigorovitsa, trouvait les contes de Musäus insupportables[41]. Mais la démarche de recollement de contes populaires, ainsi que l'ouverture du sujet au merveilleux, donnent au conte « Libussa » de servir de source et de référence pour les réécritures ultérieures : il n'est pas jusqu'à Brentano qui,

---

[37] *Ibid.*, p. 378.
[38] *Ibid.*, p. 406.
[39] GRIGOROVITSA, Emanuel, *Libussa in der deutschen Literatur, op. cit.*, p. 23.
[40] MUSÄUS, Johann Karl August, *Volksmärchen der Deutschen, op. cit.*, p. 408.
[41] GRIGOROVITSA, Emanuel, *Libussa in der deutschen Literatur, op. cit.*, p. 22.

dans sa tentative de synthèse mythologique, ne s'inspire de l'éclectisme des *Contes populaires allemands*.

Caroline von Woltmann, Der Mädchenkrieg.

A la suite de Herder et de Musäus, la génération romantique initie une entreprise de recollement de chants, contes ou légendes populaires qu'illustrent notamment, au début du XIX° siècle, le recueil d'Achim von Arnim et de Clemens Brentano *Le Cor merveilleux de l'enfant* [*Des Knaben Wunderhorn*] ou les *Contes* des frères Grimm : plus tardivement, la littérature tchèque connaît un mouvement similaire. Néanmoins, ce genre littéraire se prête à un certain nombre de réécritures des motifs légendaires de l'histoire bohème dès le début du XIX° siècle. Dans sa synthèse citée plus haut, Hélène Leclerc évoque une « mode » des recueils de contes dans le sillage des *Volksmärchen* de Musäus[42] : les deux recueils de contes publiés par Caroline von Woltmann (1782-1847) en 1815 et 1826 en sont des exemples. Nous faisons figurer ici « Der Mädchenkrieg » [La Guerre des filles] dans le contexte des recueils de littérature dite populaire, avant d'envisager le drame de Brentano « Die Gründung Prags », dont des extraits avaient déjà paru avant 1815 et qui constitue à nos yeux le tournant décisif du renouveau des personnages de Libuše et de Vlasta à l'aube du XIX° siècle. Caroline Stosch, épouse de l'écrivain Karl Ludwig von Woltmann (1770-1817), compte parmi les écrivains germanophones de Prague et est la seule femme qui écrive sur le sujet en question dans notre période.

En ce qui concerne l'action, la longue nouvelle « Der Mädchenkrieg » est clairement une paraphrase du récit de Hájek, avec tout ce que celui-ci comporte de trahisons et de filtres magiques : avec la trame narrative, l'auteur reprend les stéréotypes sur les femmes développés par une littérature d'origine majoritairement masculine, à commencer par l'emploi privilégié de la ruse. La dépendance matrimoniale est ainsi explicitement formulée par Vlasta (Wlastislawa)[43], mais aussitôt

---

[42] LECLERC, Hélène, *Une littérature entre deux peuples, op. cit.* Parmi ces recueils de contes, l'ouvrage de Wofgang Adolph Gerle (écrivain, éditeur et libraire, 1783-1846) *Volksmärchen der Böhmen* (1819) présente de la guerre des femmes une version intéressante par l'influence romantique qui s'y fait jour. Le conte « Das Frauenregiment » commence par un rêve prémonitoire de Krok avant sa mort : cet épisode du rêve rappelle le haut romantisme, tant par la forme qui mêle prose et passages en vers, que par les thèmes évoqués et notamment le recours à la mythologie slave (avec les dieux Kitimora, Tiglawa, Kotar et Lado). Les lignes qui suivent ne sont pas sans rappeler le rêve initial de Heinrich von Ofterdingen dans le roman éponyme de Novalis : « *Und als die drei Jungfrauen verschwanden, da waren die Pflanzen groß gewachsen, und jede trug eine schöne Blume, die eine von rother und die zweite von blauer Farbe, aber die, welche am schönsten und lustigsten prangte, war weiß.* » (GERLE, Wolfgang Adolph, « Das Frauenregiment », in *Volksmärchen der Böhmen,* Calve, Prague, 1819, p. 253). Les trois fleurs symbolisent les sœurs Teta, Kazi et Libuše. Après ce premier chapitre, l'auteur se contente de paraphraser les légendes telles qu'on les trouve chez les chroniqueurs. Cette ouverture montre néanmoins combien le romantisme de Brentano a pu marquer le traitement du sujet.
[43] L'auteur utilise systématiquement la forme originale du nom et pas son diminutif, pourtant plus répandu. Cette appellation est à l'avantage de l'héroïne, puisqu'on pourrait traduire « Vlastislava » par « gloire de la nation » (*vlasti*

retournée à son avantage : « *Die Frau ist verlassen ohne Mann ; der Mann hülflos ohne die Frau.* »[44] Chez Caroline von Woltmann, la guerre des femmes est l'occasion de constater une sorte de *statu quo* dans le conflit des sexes, qui ne va pas sans entériner des conceptions patriarcales traditionnelles. L'apologie de Vlasta par Hravka (Hrawka) est une concession au regard que l'homme peut porter sur la femme : « *Eine schöne Jungfrau sey nächst Sonne und Gestirn das Schönste, was über der Erde wäre, un schön sey Wlastislawa* »[45]. La beauté féminine est naturellement elle aussi toute de conventions, ainsi à propos de Šárka (Scharka) : « *Ihre Haare waren gelb wie reibe Aehren, lockigt und seiden ; ihre Augen schienen daraus hervor wie kornblumen dunkelblau. Ihre Lippen schlossen sich rosig und freundlicher voll Schalkheit um zwei Reihen perlenweißen Zähne.* »[46]

En revanche, l'histoire de la maisonnée Hesky représente une innovation narrative majeure du texte de Caroline von Woltmann, comme motif parallèle et comme contrepoint au soulèvement de Vlasta et de ses partisanes : la petite histoire répond à la grande, le drame bourgeois à l'épopée. Hesky (qui n'apparaît jamais dans le récit) a sept fils : le récit se concentre sur les deux frères Radowich et Stiason et leurs épouses, les sœurs Hravka et Dobromilia. Cette invention permet de décrire des femmes exemplaires, entraînées malgré leur réserve et leur vertu dans le conflit contre les hommes. Hravka est convaincue par les sbires de Vlasta de l'infidélité de son mari et rejoint Děvín (Diewin) ; chassée par les hommes de la maisonnée, Dobromilia l'y rejoint. Néanmoins leur abnégation permet la réconciliation finale. Les deux sœurs sont des figures alternatives non seulement par leur vertu, mais aussi par leur origine étrangère : elles viennent de Grèce (en dépit de leurs noms slaves !) et sont de ce fait l'occasion d'une première référence aux mythes et à l'épopée classiques. « *Ihr verschiedenes Vaterland trat zwischen sie : im Sturm und Nebel der Leidenschaft verwechselte ihre Unkunde beinahe Griechenland mit dem Lande der Amazonen.* »[47] La nouvelle situe ici la geste tchèque par rapport à une culture néo-classique, où la Grèce apparaît comme déterminée par le contraste entre le paradigme de la civilisation et l'instinct barbare, incarné par les femmes guerrières. Qu'elles soient les représentantes de la féminité ou de l'étranger, le statut des deux sœurs est pour le moins ambigu et incertain.

D'un point de vue stylistique, cette incertitude se traduit par la psychologisation de ces deux personnages, ce qui permet à l'auteur d'en faire l'économie pour Vlasta. Si les paragraphes portant sur Hravka et Dobromilia sont fréquemment introduits par une maxime psychologique comme : « *die Leidenschaft nährt sich von Schmerzen, und hat deshalb ihren Lust daran, wie die natürlichen*

---

sláva). De manière générale, Caroline von Woltmann évite d'employer les orthographes latines ou germanisées des noms qu'elle cite, notamment pour Přemysl dont elle conserve la forme tchèque : Pržemysl.

[44] WOLTMANN, Caroline (von), *Volkssagen von Böhmen*. Calve, Prague, 1815, p. 66.
[45] *Ibid.*, p. 93.
[46] *Ibid.*, p. 88.
[47] *Ibid.*, p. 107.

Gefühle am Behagen »[48], Vlasta quant à elle est motivée par des raisons strictement politiques. Elle s'oppose explicitement aux deux sœurs sur ce point, notamment quand elle rétorque à Dobromilia : « *Allein wisse du, daß der Diewin keine Zuflucht für verschmähte Liebesklagen ist* »[49], alors que la plupart des réécritures de l'époque font précisément de la geste de Vlasta l'échappatoire à son amour déçu pour Přemysl. Chez Caroline von Woltmann, Wlastislawa est porteuse de la geste héroïque ou épique, étant investie des valeurs guerrières, par opposition aux vertus domestiques de Hravka et de Dobromilia. Elle est décrite « *im Strahle des Muthes* » dans des scènes de bataille particulièrement violentes : « *Wlastislawa [...] führte einen Hieb mit beiden Händen auf sein Haupt, daß sein Helm gespalten auf die Schultern wie zwei Schnalen fiel, Blut von seinem entblößten Scheitel trof, er nichts mehr sahe, nicht Licht, nicht die Gegnerin, nach der sein Arm irre, matte Streiche mit dem Schwert richtete* »[50].

Dans sa démesure, Vlasta n'est pas sans rappeler le Karl von Moor des *Brigands* de Schiller, où le criminel confine au sublime de manière semblable : « *denn das Außerordentliche verlieh den Jungfrauen etwas Uebermenschliches* »[51]. La prose de Caroline von Woltmann se pare du reste de traits *Sturm und Drang* encore à la mode dans les milieux littéraires pragois de son époque. Tantôt le style se caractérise par sa violence et son pathétisme : « *Bietet alles auf, was eure Seelen vermögen, List, Ueberredung, Verstellung, Gewalt, jede eurer Gaben zum Verderben der Männer !* »[52] ; tantôt il tend à un lyrisme inspiré des conventions de l'amour courtois et du Minnesang, quand Děvín devient un *locus amoenus* destiné à perdre les hommes : « *Es war im Maien* »[53]. Le style dessert donc aussi l'ambivalence générale du texte. L'auteur emploie souvent le contraste des éléments épiques et lyriques pour renforcer l'emphase du récit, notamment lors des scènes de bataille : « *das Mondlicht blißte auf ihre Helme und Köcher* »[54], « *die Maienlüfte verschwiegen säuselten im Walde ; und daherfächelten über die Moldau zu dem Diewin, und nichts in der Natur an Fehde dachte und Streit, da lauschte die Jungfraunschaar wohlgewappnet im Hoffe des Schlosses* »[55]. Les registres stylistiques répondent donc à la dichotomie que l'on a pu observer dans la narration.

---

[48] *Ibid.*, p. 133.
[49] *Ibid.*, p. 170.
[50] *Ibid.*, p. 111. Les traits épiques du récit « Der Mädchenkrieg » sont renforcés par des allusions aux épopées antiques, parmi lesquelles l'appellation hellénisante « Heskydes » pour la maisonnée de Hesky ; mais aussi par des tournures qui ne sont pas sans rappeler l'épopée allemande et notamment la chanson des Nibelungen : « *Und mancher Ritter verlohr sein Leben, und manchem schlug ihr Schwert heiße Wunde darum.* » La référence classique et notamment homérique semble donc rejoindre en ce début du XIX° siècle les motifs de l'épopée médiévale chevaleresque. De telles références aux épopées classiques et aux épopées médiévales situent la *geste* de Vlasta dans une axiologie qui attribue à chaque peuple son épopée, comme Eichhoff cherche à la faire dans *Tableau de la littérature du nord*, où c'est le manuscrit de Hradec Králové qui tient lieu d'épopée pour les Pays tchèques (voir bibliographie).
[51] *Ibid.*, p. 111.
[52] *Ibid.*, p. 113.
[53] *Ibid.*, p. 119.
[54] *Ibid.*, p. 70.
[55] *Ibid.*, p. 123.

Si elle ne donne pas de la guerre des femmes une vision trop partiale et rend justice à sa dimension épique, la nouvelle « Der Mädchenkrieg » n'est pas univoque pour autant. La référence à la reine Libuše (Libussa) en porte la marque, puisqu'elle est alléguée par les différents camps, celui des femmes rebelles comme celui des épouses dévouées. Le sexe féminin dans son ensemble est une fois désigné par l'expression « *Libussa's Geschlecht* »[56]. A la faveur de la citation : « *die Gaben Libussa's wären mehr auf sie übergangen, bei früherer Vertraulichkeit, denn auf ihn* [Přemysl] »[57], Vlasta et ses compagnes semblent légitimées comme les disciples de Libuše ; mais, curieusement, les sœurs grecques sont elles aussi « *Libussa's Verwandte* »[58], selon une parentèle que permettent seuls un Orient aux contours flous et les origines incertaines de la famille de Krok. Le règne de Libuše est caractérisé comme une sorte de crypto-matriarcat particulièrement ambivalent : « *Niemand merkte, daß es geschehe* »[59], mais approuvé par le narrateur dans sa dimension réformatrice (et non révolutionnaire). Son exemple souligne en réalité l'ambiguïté du statut politique de la femme, en même temps qu'il évoque l'association déjà mentionnée entre les motifs de la féminité et de l'étranger dans la référence à l'Orient des Amazones.

Que l'orgueilleuse Vlasta défende les revendications politiques de la femme et Dobromilia son rôle domestique et privé dans la société, est significatif. Or, les ambivalences de la représentation de la rébellion des femmes chez Caroline von Woltmann tiennent aussi bien au statut social incertain qui est celui de la femme au XIX° siècle, à plus forte raison dans le cas des lettrées de l'aristocratie allemande, qu'à l'équivocité de la définition nationale dans la Bohême allemande. Bien plus que Musäus, Caroline von Woltmann a à cœur d'inscrire son récit dans un contexte tchèque précis, tant par l'usage d'une onomastique exacte que, par exemple, la référence aux dieux slaves (Pires, Zelu). A cet égard, on peut la considérer comme un auteur « bohème ». Elle reprend pourtant dans son approche, non seulement certains préjugés sur la féminité, mais aussi les stéréotypes allemands sur les peuples tchèque ou slave, ainsi que le montre la phrase finale de son récit : « *Doch ein geschlecht von Frauen lebt im Lande, feurig, hochgebaut, der Anstrengung gewachsen, das zeugt, wie diese alte Sage wohl keine Fabel ist* »[60]. C'est à ce compte seulement que Vlasta apparaît comme une figure tchèque emblématique.

---

[56] *Ibid.*, p. 130.
[57] *Ibid.*, p. 57. Libuše est aussi la première qui mentionne les Amazones : « *Da redete sie zu mir von jenen Gegenden, woher ihr Vater Krok stamme, von dem Lande Asien, und erzählte : dort sey ein herrlich, hochberühmtes Volk von Frauen, Amazonen genannt, beherzt, gleich wie die Männer.* » (p. 63).
[58] *Ibid.*, p. 177.
[59] *Ibid.*, p. 57.
[60] *Ibid.*, p. 194.

« Der europäischen Jungfrau Brustgeschmied » : Clemens Brentano, Die Gründung Prags.

Si l'Allemand Clemens Brentano habitait lui aussi Prague lorsqu'il écrivit le poème dramatique *Die Gründung Prags* [La fondation de Prague], les conditions dans lesquelles il y a passé deux années, aussi bien pour échapper aux difficultés de la cogestion d'un domaine familial à Bukovany, en Bohême du sud, que chassé de la cohabitation avec Achim von Arnim qui venait d'épouser secrètement sa sœur Bettina, radicalisaient sa situation d'étranger, voire d'exilé. Les commentateurs, Grigorovitsa comme Danes[61], soulignent le contraste entre le jugement extrêmement négatif qu'il est amené à prononcer sur les Tchèques et la célébration de Prague qui se fait jour dans l'œuvre que sa solitude d'alors lui permet de mener à bien : *« Clemens, écrit Achim von Arnim, hat zwei Dramen in aller Wahrheit geschrieben :* Comingo *und* Libussa *[...]. Die* Libussa*, nach Hageks Chronik und Musäus' Volksmärchen bearbeitet, ist in allem Einzelnen viel schöner und vollendeter und wirklich in Manchem ungemein ausgezeichnet. »*[62] Il s'agit d'une pièce de 410 pages, dotée d'un prologue et d'un important appareil de notes. Le projet de Brentano était ambitieux et l'auteur envisageait son adaptation au théâtre, le drame demeurant injouable en l'état à cause de sa longueur et de la démesure des moyens dramaturgiques à mettre en œuvre.

A bien des égards, *Die Gründung Prags* pourrait servir d'illustration pour le programme dramatique du romantisme allemand, non seulement par son affranchissement des règles dramaturgiques classiques, avec notamment de constants changements de scène au cours des actes ; mais aussi par le concours des genres littéraires les plus divers et même d'arts différents, comme la musique (qui contribue, par exemple, à dramatiser les scènes de bataille) ou encore les tableaux vivants, alors en vogue : ainsi la pièce s'ouvre-t-elle sur une représentation classicisante des trois Grâces, dans le décor pourtant hautement romantique d'un bosquet (*Hain*) de chênes. « Brentano, écrit Danes, se montre incapable de brider son imagination. Son goût pour les acrobaties de langage, son tempérament de poète lyrique, ses préoccupations décoratives le conduisent à étirer démesurément certaines scènes et même à en composer plusieurs totalement inutiles à l'action […]. La présence constante de parties lyriques alourdit la progression dramatique. »[63] Sans nécessairement souscrire au verdict de Danes, on peut en retenir la prédominance du lyrisme sur l'*action*, c'est-à-dire sur le projet dramatique et épique du poète : s'y ajoutent en outre des moments burlesques et comiques.

Le premier acte concerne l'élection de Libuše (Libussa) par le peuple tchèque au trône de Bohême. Au deuxième acte, Libuše est attaquée par des envahisseurs avars : sa garde de filles les défait, mais Vlasta (Wlastislawa) est blessée par une flèche empoisonnée destinée à Libuše, que la

---

[61] Voir bibliographie.
[62] Cité dans *Libussa in der deutschen Literatur, op. cit.,* p. 30-31.
[63] DANES, Jean-Pierre, *La Bohême dans la littérature allemande du dix-neuvième siècle* (voir bibliographie), p.84.

sorcière Zwratka, sa mère, avait remise au chef des Avars, Moribud. Libuše érige alors un monument, le « *Siegesdenkmal* », qui deviendra Děvín : des deux anneaux qu'elle et Vlasta portent au bras, elle enterre au lieu de la fondation celui de Vlasta et lui passe au bras son propre anneau enchanté, sans que l'autre se rende compte de la substitution. Cependant, l'anneau qui a été enterré est volé par deux prétendants de Libuše, qui le confient à Přemysl (Primislaus). Le troisième acte est celui du tribunal de Libuše. Empoisonnée par la flèche de Moribud, Vlasta est dévorée par une double passion : elle convoite l'anneau enchanté et elle est amoureuse de Přemysl, mais lui vole l'anneau et le remplace par celui qu'elle a au bras, à savoir celui de Libuše. L'acte se termine par la tentative de coup d'Etat de Rozhon, la partie lésée du procès ; et l'intervention salutaire, mais méconnue, de Přemysl. Au quatrième acte, Libuše désigne prophétiquement le laboureur comme son mari et l'épouse au cinquième, recouvrant avec lui l'anneau enchanté, tandis que Vlasta sombre dans la folie.

L'argument particulièrement compliqué de la pièce témoigne de la volonté de l'auteur d'intégrer à son œuvre des sources très diverses, de l'intrigue amoureuse du conte de Musäus au motif historique des invasions avars en pays slaves, tout en restant fidèle au récit de Hájek. L'œuvre se veut une synthèse, tant d'un point de vue formel que d'un point de vue philologique : dans un article publié dans la revue pragoise *Kronos*, Brentano « *affirme avoir lu* tous les auteurs modernes *qui ont traité*, sans aucun bonheur, *assure-t-il, ce sujet.* »[64] Dans la réécriture complexe que propose le drame *Die Gründung Prags*, Grigorovitsa analyse jusqu'à quatre motifs parallèles distincts : en premier lieu, l'histoire de Libuše ; deuxièmement, l'interprétation manichéenne de la mythologie et le motif de la sorcellerie, représenté par la sorcière Zwratka ; troisièmement, l'anticipation sur l'épisode de la guerre des femmes (*Mägdekrieg*) ; enfin, les débuts du christianisme en Bohême, avec les personnages du sculpteur Pachta et de sa protégée Trinitas, laquelle meurt au quatrième acte et devient de ce fait le premier martyr de l'histoire tchèque. Nous nous concentrerons dans cette étude seulement sur les motifs de Libuše et de la guerre des femmes (Vlasta).

Brentano est en effet un des rares auteurs à mettre en scène une confrontation directe des personnages de Libuše et de Vlasta, tout en accordant à cette dernière une place aussi importante. En s'appuyant sur l'interprétation d'Udo Köster dans son article « Frauenherrschaft, Zeitenwende »[65], on pourrait d'emblée envisager cette confrontation sous les rapports du mythe et de l'histoire, conformément au thème de la *fondation* qui donne son titre à l'œuvre : Libuše incarne le mythe et Vlasta l'histoire, comme accident du mythe. Une telle interprétation, toutefois, conduit à spéculer sur la suite que Brentano entendait donner à son drame, puisqu'il avait pour projet d'écrire une trilogie, dont la seconde partie concernerait la guerre des femmes et la troisième les débuts de la

---

[64] *Ibid.,* p. 75. Pour l'article que cite ici Danes, voir bibliographie.
[65] Voir bibliographie.

chrétienté en Bohême. Il s'agit donc aussi de prendre en considération cet échec d'une épopée plus vaste sur les débuts de la Bohême et d'approcher *Die Gründung Prags* comme une œuvre inachevée à certains égards, notamment en ce qui concerne le personnage de Vlasta. Bien qu'elle soit un représentant du genre féminin et du monde étranger (oriental), il nous faudra aussi négliger le personnage original de Trinitas, qui anticipe sur le troisième drame de la trilogie prévue.

Vlasta, dans l'interprétation qu'en donne Grigorovitsa, fait l'objet d'une condamnation sans appel : l'étude *Libussa in der deutschen Literatur* parle de « *Doppelrolle Wlastas als Vertreterin des Gegenspiels, wie auch als Anführerin der zügellosen Weiber* »[66], de « *Vertreterin jungfräulicher sprödester* Ichheit »[67] ; et ne manque pas de souligner les traits de haine et d'hystérie chez le personnage. C'est ignorer la tentative de réhabilitation qui est à l'œuvre dans la pièce de Brentano, qui prend ostensiblement le contrepied de Hájek, en présentant Vlasta comme une victime : cela ne conduit certes pas à la rédemption du personnage et encore moins à son émancipation. Le personnage semble être, pour ainsi dire, excusé par l'auteur : sa passion est représentée comme une pathologie, qui a des effets physiologiques visibles ; à sa première apparition après la scène de la fondation de Děvín, elle est décrite dans les didascalies comme « *wankend und verlegend* »[68] et, au cinquième acte, « *verwildet und zerstört* »[69]. A ce titre, c'est chez elle que la psychologisation des motifs légendaires est la plus évidente, dans la mesure où Libuše semble n'avoir, quant à elle, aucune psychologie : au mieux une tristesse passagère avant ses noces, exprimée du reste par le chant hyménée de ses suivantes. Elle ne manifeste pour Přemysl aucun sentiment.

Il convient de souligner d'emblée ces aspects du personnage de Vlasta pour insister davantage sur l'enjeu du personnage, sur sa fonction et son rôle actif dans la pièce *Die Gründung Prags*. La question impromptue que lui pose Libuše au deuxième acte : « *Wlasta, liebst du mich ?* »[70] de même que les intuitions qu'elle exprime sur son reniement, sont une paraphrase des reproches et des questions que le Christ adresse à Simon-Pierre :

> L i b u s s a : Erröte, Abendröte,
> Denn anders als dein Herz spricht deine Rede.
> W l a s t a : Libussa, du vernichtest meine Seele,
> Zum drittenmal sprichst du dies Wort.[71]

---

[66] *Libussa in der deutschen Literatur, op. cit.*, p. 35.
[67] *Ibid.*, p. 70.
[68] BRENTANO, Clemens, *Die Gründung Prags*. Conrad Adolph Hartleben, Leipzig/Pest, 1815, acte II, p. 133.
[69] *Ibid.*, acte V, p. 377.
[70] *Ibid.*, acte II, p. 104.
[71] *Ibid.*, acte III, p. 243.

Un tel *pasce oves meas* reconnaît à Vlasta une place de premier rang dans la succession, voire l'héritage spirituel de sa maîtresse. Sa rivalité avec Libuše dans les domaines politique (avec le symbole de pouvoir qu'est l'anneau enchanté) et amoureux correspond à un constant parallèle entre les deux femmes, qui représente assurément une valorisation de Vlasta. Sur le modèle des demi-dieux grecs, elles ont chacune une mère qui représente le monde surnaturel (qui une elfe, qui une sorcière) et un père du clan de Čech (Krok ou *Krokus* ; Lapack) ; les deux anneaux sont le symbole d'une telle proximité ; la triade de jeunes filles Vlasta, Stratka, Šárka (Scharka) correspond aux triplées Libuše, Teta (Tetka), Kazi (Kascha). Qui plus est, Vlasta ne démérite pas de l'éloge que sa maîtresse fait d'elle :

> Von früher Jugend war sie mein Gespiel [...].
> Um mich hat ihre Mutter sie verlassen ;
> Ich kann zu ihr, wie einem Schwerte fassen ![72]

Cette remarque de Libuše sur la fidélité que Vlasta lui manifeste à plusieurs reprises, ainsi que l'image de l'épée, soulignent les aspects chevaleresques du personnage. Elle joue un rôle décisif dans les trois combats qui sont représentés sur scène, à savoir, au deuxième acte, contre les Avars ; au troisième acte, contre Rozhoň; et au quatrième acte, contre Domaslav (Domaslaus) qui lui proposait une nouvelle conjuration. Vlasta est chez Brentano le seul personnage qui se réfère explicitement à la chanson des Nibelungen, lorsqu'elle s'exclame :

> Ich hätte um dieses Apfels Lohn
> Den Bart geholt von des Etzels Kinn.[73]

Cette mention occasionnelle du roi des Huns Etzel (Attila) fait figurer Vlasta dans un contexte historique et littéraire plus vaste ; elle se reconnaît pour ainsi dire une parenté avec les figures tragiques de l'épopée germanique. Les aspects dramatiques du traitement du personnage semblent justifier avant tout que Brentano pensât de sa pièce, selon Danes, « qu'elle pourrait rivaliser avec les

---

[72] *Ibid.,* acte I, p. 70. L'image de l'épée, si elle concerne principalement Vlasta, doit néanmoins être rapportée à Libuše aussi, comme ici : Brentano n'hésite pas à lui prêter les traits de l'Amazone, en la faisant figurer dans des scènes de chasse et de combat, bien que jamais elle ne fasse directement usage de son épée. C'est dire que Libuše, dans sa représentation, est rapprochée de Vlasta, au même titre que Vlasta se compare à Libuše. Le symbole de l'épée scelle le destin d'Amazone des deux femmes : au troisième acte, c'est déjà Přemysl (et non Vlasta) qui tient l'épée que Libuše réclame pour se défendre contre Rozhoň ; et au cinquième, Libuše lui remet cette même épée pour régner sur le peuple. Ce geste souligne la nécessité du gouvernement d'un homme, là où la femme fait défaut : il sacre Přemysl et condamne Vlasta, tout en validant le mariage de Libuše.

[73] *Ibid.,* acte III, p. 208. Brentano s'amuse à plusieurs reprises à ce genre d'allusions. A propos de Libuše qui réclame une épée contre Rozhoň en ces termes : « *Ein Schwert ! Ein Schwert ! Ganz Böheim für ein Schwert !* » (acte III,p. 247), l'auteur précise ironiquement dans la notice que la citation de Shakespeare n'est pas délibérée ; mais que ce n'est pas non plus la seule fois que la prophétesse cite une œuvre de la littérature mondiale : « *so zum Beyspiel scheint sie mit der Bibel nicht ganz unbekannt gewesen zu seyn* » (note 77, p. 442).

œuvres de Tieck et [surtout] de Schiller »[74]. Le même parallèle ou la même rivalité avec sa maîtresse Libuše définit aussi sa propre *hybris* :

> Libussa sprach, als sie die Kron' erlanget :
> Ich nehme sie, ich hab' sie nie verlanget,
> Doch nur den Göttern geb' ich sie zurück !
> So laßt uns sprechen mit beßrem Glück :
> Die Freiheit haben wir durch sie erlanget,
> Und sie verdient, und nicht von ihr erlanget,
> Wir geben sie den Göttern nur zurück ![75]

Là où Libuše est une figure du règne, Vlasta est donc une figure de l'héroïsme. Le tragique est intrinsèque à cette définition, puisqu'elle définit plus loin la liberté par la mort :

> Ich kenne diesen Tod, der Freiheit heißt.[76]

La question ambivalente de la liberté prend un sens politique plus précis lorsqu'elle est rapportée au contexte de l'Europe postrévolutionnaire, comme c'est le cas dans le deuxième acte, à l'occasion de l'escarmouche contre les Avars. Brentano écrit son œuvre alors que les campagnes napoléoniennes retardent le départ de Bohême et le motif des invasions ne pouvait pas manquer de rappeler au lecteur le souvenir des envahisseurs français. C'est précisément le discours des guerres de libération que l'incident avar suscite chez Libuše :

> Die Feinde, deren Vortrab Wlasta schlug,
> Vernichte ganzlich auf dem Böhm'schen Feld. [77]

Les saillies galantes de Moribud, alors qu'il est pris en otage par la troupe de Libuše, paraissent moins curieuses si l'on identifie les Avars aux Français. Ailleurs, la reine de Bohême va jusqu'à prophétiser le soleil d'Austerlitz :

---

[74] *La Bohême dans la littérature allemande du dix-neuvième siècle, op. cit.*, p. 72 (Danes se réfère à une lettre de Brentano à Bang, citée par Brechler dans son introduction à *Die Gründung Prags*). Nous insistons sur « Schiller », d'autant plus que l'amour impossible de la « pucelle » (Jungfrau) et son dépassement dans l'héroïsme est aussi le thème de *La Pucelle d'Orléans* de Schiller.

[75] *Die Gründung Prags, op. cit.,* acte IV, p. 281.

[76] *Ibid.,* acte III, p. 320.

[77] *Ibid.,* acte II, p. 102. Il est du reste difficile de trouver à cet épisode d'autre raison d'être, même en considérant qu'il sert d'occasion à l'empoisonnement de Vlasta et à la scène de la substitution des anneaux. Danes note par exemple : « Que recherchaient les Avars en Bohême ? Pourquoi Zwratka a-t-elle armé le bras de Moribud ? Pourquoi voulait-elle éveiller en Libussa une violente passion amoureuse ? Brentano ne nous le dit pas – ce n'est là que l'une des nombreuses obscurités et inconséquences qui indiquent que Brentano soit ne dominait pas son immense matière soit, et c'est plus vraisemblable, n'attachait qu'une importance secondaire à l'action de son drame. » (*La Bohême dans la littérature allemande du dix-neuvième siècle, op. cit.*, p.87).

O Böheim, Böheim, einst in blut'gen Tagen

Wirst du um diese blut'ge Sonne klagen ![78]

Or, les guerres de libération sont, à l'aube du XIX° siècle, l'occasion d'une première prise de conscience nationale : Brentano est le premier à poser dans sa pièce, de façon aussi radicale, la question de savoir ce que c'est que la Bohême. « *Sag', hohe Jungfrau, was du Böhmen nennst ? »*[79] demande le prince avar captif à Libuše.

La réponse semble se rapporter successivement à l'héroïsme de Vlasta et au règne de Libuše elle-même. « *Böheim heißt das Land, so weit dich schlagend trifft der Böhmen Hand* ». Cette première définition rappelle la geste de Jeanne d'Arc : il s'agit de bouter l'ennemi hors du pays, lequel s'étend selon les mots mêmes de Libuše « *so weit als mein jungfräulich Ehrenschwert* »[80]. En revanche, la définition de la Bohême comme « *der Europäischen Jungfrau Brustgeschmeid* » (d'après une gravure de Bünting à laquelle l'auteur fait allusion dans sa notice) et finalement « *das Herz der Welt* »[81]. Comme chez Herder, la Bohême de Libuše est ouverte à l'Europe et au monde : Libuše elle-même s'identifie souvent, chez Brentano, au cœur, au *milieu* ou au *centre*. Dans les deux cas, la réponse recourt à l'image de la jeune fille (*Jungfrau*) : les figures de la pucelle en armes et de la reine guerrière correspondent allégoriquement à la nation en armes. La dédicace à la duchesse Katharina Pavlovna en visite à Prague n'est donc pas seulement le choix d'un patronage slave pour un sujet bohême, mais aussi celui des libérateurs contre l'occupant français : l'Amazone est ici aussi bien l'image d'un peuple qu'une allégorie politique.

La déchéance de Vlasta doit donc être considérée en parallèle avec l'échec de la forme épique dans le drame de Brentano. Hormis les nombreux moments de chant qui entrecoupent l'action (comme souvent dans la littérature romantique de cette génération), une représentante privilégiée du lyrisme dans l'œuvre pourrait être la prophétesse Libuše elle-même : le thème de la vision donnait en effet au poète l'opportunité de multiplier les métaphores et les symboles, certes au détriment de l'action dramatique ; et de donner à l'œuvre une cohérence *poétique*. La vision n'est d'ailleurs pas réservée à Libuše, Vlasta notamment est dotée de la même faculté prémonitoire : mais elle prédomine naturellement dans la représentation de la souveraine. Ainsi le premier acte montre les trois filles de Krok s'endormir et raconter ensuite longuement, chacune, les rêves qu'elles ont faits ; la scène se répète à l'acte quatre, par une sorte de phénomène d'incubation qui n'a toutefois

---

[78] *Die Gründung Prags, op. cit.,* acte I, p. 76.
[79] *Ibid.,* acte II, p. 102.
[80] *Ibid.,* acte II, p. 102.
[81] *Ibid.,* acte II, p. 102.

aucune efficacité dramatique, dans la mesure où ces scènes de rêves, destinées à ouvrir l'histoire sur l'éternité, paraissent surtout délayer l'action. La structure métaphorique de la pièce permet à l'auteur un certain nombre de mises en abyme : dans le prologue, les trois sœurs apparaissent en songe au poète lui-même et lui inspirent le poème. « *Er bringt eine Nacht auf dem Lorenziberg zu Prag zu, wo Libussa die Stadt entstehen sah, sieht die Sibyllen, die Stadt entwickelt sich aus dem Morgennebel, er fasst die Idee des Gedichts.* »[82]

Une telle mise en abyme a pour effet, tout d'abord, une poétisation du monde qui inclut au premier chef le poète dans un environnement mythique : elle manifeste que l'intérêt que Brentano porte à la légende n'est pas de nature historique, mais bien poétologique[83]. Aussi cette image le conduit-elle, en second lieu, à donner de Libuše la vision d'une muse : là encore, le personnage remplit une fonction principalement allégorique. En tant que telle, Libuše est une figure médiatrice et insiste souvent sur ce rôle, qui semble être chez elle aussi bien celui du règne que celui de la féminité :

> Es steht das Weib am Born des ew'gen Lebens,
> Den Staat aus Quellen der Natur zu tränken ;
> Die Götter geben gern mit unsern Händen. [84]

La femme représente à la tête de l'Etat le règne de la nature aussi bien que l'ordre mythique (« *die Götter* ») : elle a comme souveraine un rôle d'intercession semblable à celui de la muse, c'est-à-dire qu'elle incarne une transcendance qui dépasse la société des hommes. Décrite dans les termes des richesses minières qui servent constamment, chez Brentano, à caractériser la Bohême, la beauté de Libuše résume bien cette assimilation de la nation et du cosmos, ici dans le moment de l'inspiration prophétique :

> Ein Silbermond hat dein Stirn gelacht,
> Dein Haar war dir von Sonnengold umblendet,
> Die Augen funkelten gleich Edelsteinen,
> Wie glühend Kupfer schimmerten die Wangen.[85]

En s'appuyant sur la complexe construction métaphorique ainsi que sur la tendance au jeu de mots de Brentano, Ritchie Robertson montre dans son article « On the threshold of patriarchy » [Sur le seuil du patriarcat] que la femme, selon une telle conception, n'est qu'un « lieu de passage »,

---

[82] *Ibid.*, p. 2.
[83] Ne serait-ce que pour avoir fréquenté le philologue Dobrovský (philologue, historien fondateur de la slavistique moderne, 1753-1829), Brentano ne pouvait pas être dupe des inventions de Hájek dont la critique, depuis Dobner, était déjà largement répandue à l'époque.
[84] *Ibid.*, acte III, p. 210.
[85] *Ibid.*, acte I, p. 88.

le relai de conceptions idéologiques masculines : ce faisant, il assimile à raison le personnage de Libuše et la ville-seuil qu'est Prague, comme le faisait Grigorovitsa lorsqu'il relevait que la pièce *Die Gründung Prags* aurait pu s'appeler simplement « Libussa ». Il ne suffit pas, néanmoins, de conclure avec Robertson que la position de Brentano sur la question féminine est « confuse » (« *both hostile and confuse* »)[86] : l'enjeu de la représentation romantique de la femme est au contraire la définition d'un *statut* particulier pour la femme, alors que les Lumières, hormis Hippel, ne la faisaient pas accéder à la majorité politique. C'est précisément dans le contexte des guerres de libération que la femme accède à un rôle politique très semblable à celui de Libuše : « *Sophie von La Roche*, rapporte Ute Planert, *erklärte Wohltätigkeit und Sozialfürsorge zur spezifisch weiblichen Form der öffentlichen Anteilnahme in patriotischer Absicht.* »[87]

Or, le lien qui se constitue ainsi de la femme à la nation se vérifie dans la volonté qu'avait Brentano de donner à l'action de son drame « un ciel et une terre »[88], c'est-à-dire d'illustrer son sujet de traits vernaculaires, conformément à la poétique romantique. Sa Libuše est à cet égard la première Libuše tchèque, bien davantage que celle de Herder et en dépit de l'hétéroclisme de ses références : chez Caroline von Woltmann, le vernaculaire était plus discret mais aussi plus précis. Brentano ne se contente pas de l'approche mythologique ou philologique, il s'inspire aussi d'un certain nombre de traditions populaires qu'il commente parfois dans sa notice : « *Aus dieser Ursache ist die ganze Handlung auch in die slawische Frühlingsfeyer, welche die Jugend jetzt als Spiel noch in ganz Deutschland ausübt, angekleidet* »[89]. De même, il ajoute au récit légendaire des noces de Libuše un certain nombre de pratiques populaires, comme la tradition d'offrir une pomme, selon lui d'origine croate ; surtout l'énigme qui est posée à l'époux, comme on le fait encore aujourd'hui en pays tchèques ; et enfin le couple danse le *vrták* (*wrtack*) qu'il décrit dans la note 63 comme « *ein böhmischer Nationaltanz, Wirbeltanz.* »[90] Dans ces exemples tout particulièrement, la mise en scène de la féminité coïncide avec les débuts du folklorisme.

---

[86] ROBERTSON, Ritchie, « On the threshold of patriarchy : Brentano, Grillparzer and the Bohemian Amazons », in *German life and letters*, Blackwell Publishers, [Oxford/Cambridge, 1993], XLVI, p. 211.

[87] PLANERT, Ute, « Vater Staat und Mutter Germania : zur Politisierung des weiblichen Geschlechts im 19. und 20. Jahrhundert », in Planert, Ute, *Nation, Politik und Geschlecht : Frauenbewegungen und Nationalismus in der Moderne*, Campus, [Francfort, 2000], p. 25. Sophie La Roche (1730-1807) est la grand-mère de Brentano. – Il ne s'agit pas ici de faire de l'auteur un féministe : le renvoi de Robertson au « Scherz über die Schriftstellereien der Weiber », dans la correspondance de Brentano avec son épouse Sophie Mereau (poétesse et traductrice romantique, 1770-1806), est clair sur ce point, si le sort qui est fait à Vlasta dans la pièce ne l'était pas assez. Néanmoins on ne peut pas ignorer que Brentano était entouré de femmes lettrées (notamment sa mère et sa sœur Bettina) dont il lui était difficile de méconnaître sérieusement les mérites. Pour ce qui est de la constitution historique d'un nouveau modèle de féminité, nous nous référons aussi à l'étude de Julia Neissl sur Kleist et Grillparzer, notamment lorsqu'elle écrit : « *Für den Bereich der Frauenbilder bietet hier Klaus Theleweit eine spannende These : die bürgerliche Forderung nach Freiheit für die einzelnen erfährt in diesem Zusammenhang für die Frauen eine spezifische Verwendung* » (« *Anmutige Kriegerin und warmherzige Regentin* », op. cit., p. 36).

[88] *Die Gründung Prags, op. cit.,* p. 413 : « *Um meiner Handlung einen Himmel und eine Erde zu geben* ». L'expression est aussi reprise dans l'article de *Kronos.*

[89] *Die Gründung Prags, op. cit.,* p.415.

[90] *Ibid.,* note 63, p. 439.

Les femmes tchèques de Brentano n'ont donc pas le caractère abstrait des Amazones hellénistiques. Leur représentation elle-même est sans doute tributaire de la vision allemande des Slaves, puisqu'à propos des Tchèques, Brentano note qu'il croit parfois « reconnaître à sa démarche fière et libre et à sa haute et noble taille une descendante de Wlasta ou de Libussa »[91]. Mais si l'Amazone est alors elle-même un topos bohême, elle fonctionne simultanément, dans le contexte d'une redéfinition du statut politique de la femme, comme un repoussoir que Julia Neissl associe à la Révolution française : « *Die Amazonenfiguren [...] werden zu dieser Zeit vorwiegend mit den Ereignissen der französischen Revolution assoziiert* »[92]. On peut supposer que le personnage de Vlasta aurait pris une place beaucoup plus significative si l'auteur avait mené à bien son projet de trilogie ; c'est cependant Libuše qui reste la figure centrale de l'œuvre effectivement écrite et de sa postérité littéraire. On peut voir là le refus pour la Bohême du modèle national révolutionnaire, au profit d'un modèle national germanique issu des guerres de libération, que représenterait Libuše contre la « partisane » tchèque Vlasta. « *Nicht zufällig*, précise Ute Planert, *gerieten die wenigen Frauen, die auf Seiten der preussischen Armee mitgekämpft hatten, bald in Vergessenheit.* »[93]

Autour du manuscrit de Zelená hora (1818) : Libušín soud, *l'invention d'une Libuše tchèque.*

Trois ans après la publication du drame de Brentano, le personnage de Libuše est derechef mis en scène dans l'un des textes décisifs de la constitution d'une littérature et d'une histoire littéraires tchèques : le manuscrit de Zelená hora, aujourd'hui généralement reconnu comme un faux. L'« invention » de ce document n'est certes pas une exception dans le contexte de l'éveil national tchèque : il suit d'un an la publication du manuscrit de Hradec Králové, avec lequel il constitue, aux yeux du public d'alors, le premier monument poétique du peuple tchèque. Envoyé anonymement au muséum national et attribué depuis à l'élève de Dobrovský Václav Hanka, le manuscrit de Zelená hora est aussitôt dénoncé par le maître comme un « barbouillage »[94] et son authenticité fait débat dès sa publication : il faut attendre l'examen scientifique qu'en donnent František Palacký et Pavel Šafařik (philologue, éveilleur national, 1795-1861) dans l'ouvrage collectif *Die ältesten Denkmäler*

---

[91] Cité dans *La bohême dans la littérature allemande du dix-neuvième siècle, op. cit.*, p. 72. Danes se réfère à l'article de Brentano publié dans la revue *Kronos* : « Die Entstehung und der Schluss des romantischen Schauspiels 'Die Gründung Prags' ».

[92] « *Anmutige Kriegerin und warmherzige Regentin* », *op. cit.*, p. 32.

[93] « Vater Staat und Mutter Germania », *op. cit.*, p. 28.

[94] Pour sa portée anti allemande, il nous paraît intéressant de rapporter le récit par Louis Leger, son premier traducteur français, de la découverte du manuscrit : « La direction du musée national, récemment fondé (1818) reçut un autre manuscrit de quatre pages, accompagné d'une lettre anonyme ; l'auteur de la lettre déclarait qu'ayant trouvé ce fragment dans les archives d'une grande maison où il était employé, et connaissant le peu de sympathie de son maître, *un Allemand enragé* (ein eingefleischter deutscher Michel), pour la littérature bohême, il avait résolu de l'adresser au musée national, afin de le soustraire à une destruction certaine. » (LEGER, Louis, *Chants héroïques et chansons populaires des Slaves de Bohême*, Lacroix, Verboeckhoven & Cie, Paris, 1866, p. 20-21).

der böhmischen Sprache [Les plus anciens monuments de la langue tchèque][95] pour que son authenticité soit, pour lors, philologiquement établie. Il ne sera pas tellement question ici de retracer les débats philologiques sur l'authenticité du manuscrit, que de l'envisager dans son contexte littéraire d'écriture et de réception pendant cette période.

Il s'agit de quatre feuillets *in octavo*, soit de deux parchemins de vingt-deux centimètres environ par dix-huit, pliés en deux et reliés au centre. Les huit pages de texte sont écrites *in continuo*, comme c'est le cas dans les manuscrits médiévaux anciens, avec des lettres enluminées en rouge. Le texte contient neuf vers d'un poème qu'on a intitulé « *Sněm* » [Le Conseil] et quelque cent onze vers d'un poème qui raconte l'histoire du tribunal de Libuše, telle qu'elle était connue par les chroniqueurs et, à bien des égards, telle qu'elle apparaissait déjà chez Herder. Néanmoins il diffère de la tradition par les noms des plaignants, Chrudoš et Šťahlav (Stiaglav), ainsi que par le récit du différend qui les oppose : il s'agit d'un conflit d'héritage, qui oppose l'aîné des fils de Klen Chrudoš à son frère au sujet du droit de primogéniture. Le tribunal décide donc d'une controverse juridique. Comme l'origine du manuscrit est restée longtemps inconnue, le poème a été intitulé « *Libušín soud* » [Le tribunal de Libuše], titre sous lequel il paraît en tête des textes étudiés dans *Die ältesten Denkmäler der böhmischen Sprache*, dont les auteurs font remonter le manuscrit au IX° siècle.

Le style du poème a la simplicité que prescrit Herder pour les formes populaires. Dans le chapitre déjà mentionné de *Český sen* [Le Songe tchèque] portant sur Libuše, Vladimír Macura souligne cette parenté avec la mise en scène herderienne du personnage : « *Quelque chose y rappelle le poème de Herder, en particulier le recours aux chants des Slaves du midi pour défendre le rêve d'un epos tchèque ancien – du reste l'auteur anonyme du manuscrit de Zelená hora faisait usage du décasyllabe, comme Herder.* » Or, il ne fait aucun doute que le cercle de philologues dans lequel est apparue cette nouvelle version de la légende ait eu connaissance de la pièce pour le moins innovatrice de Brentano, ne fût-ce que par l'intermédiaire de Dobrovský, qui avait alors donné ses conseils au poète allemand. En ce sens, le poème du manuscrit de Zelená hora constitue une *réaction* par rapport à l'œuvre de l'écrivain romantique et semble en effet avoir été lu comme tel. Lorsqu'en 1861, Josef Václav Frič (poète et dramaturge romantique, 1829-1890) écrit une pièce elle aussi intitulée *Libušín soud*, il s'en prend à ces prédécesseurs allemands qui « *montrent Libuše et Vlasta précipiter leurs amants secrets d'en haut de Vyšehrad et Přemysl mettre sa promise à l'épreuve en lui donnant à résoudre de complexes questions de mathématique.* »[96] Si imprécise qu'elle soit, la critique est bien adressée à Brentano, qui sert ici de référence contestable.

---

[95] Voir bibliographie.
[96] Cité dans *Český sen, op. cit.*, p. 92 : « *předvádí Libuši a Vlastu, jak házejí své tajné milence z Vyšehradu, a Přemysla, jak zkoumá svou nastávající tím, že ji klade otázky z vyšší matematiky k rozluštění.* » Brentano citait en effet comme une légende populaire la rumeur selon laquelle Libuše aurait eu dans son château de Vyšehrad un réseau de souterrains et de

Que la nouvelle génération tchèque cherche à produire avec le manuscrit de Zelená hora un contre-modèle à la Libuše que donnait à voir *Die Gründung Prags* est aussi visible dans l'écart qui est pris alors par rapport à ses sources, Cosmas et surtout Hájek. Macura note par exemple que « *le tableau du manuscrit de Zelená hora laissait d'autant moins de place à la scène d'une Libuše se prélassant capricieusement sur des oreillers, comme chez Cosmas, ou sur un tapis, comme chez Hájek.* »[97] C'est précisément par le terme de « romantique » que Palacký qualifie les inventions de Hájek, comme on l'a vu au sujet des réécritures ultérieures : « *Das romantische Gebäude täuschte [...], bei Dichtern ist es als eine reiche Fundgrube von jeher beliebt.* »[98] Le manuscrit proposait au contraire une source alternative sur laquelle, de manière paradoxale, a pu s'appuyer la démarche critique historienne, comme le fait remarquer Graus quant à la critique de la valeur historique des chroniques, chez Palacký : « *Diese Ansicht wurde seinerzeit von F. Palacký verfochten, der sich dabei noch auf die sog. von Hanka 'gefundenen' Handschriften stützte.* »

Dans le contexte de l'éveil national, l'authenticité des manuscrits n'est donc pas tellement l'enjeu des débats, que la possibilité d'une alternative tchèque (ou slave) en Bohême. Certes, le poème *Libušin soud* hérite du romantisme allemand l'idée nationale et des caractéristiques formelles similaires, selon Matthias Murko : « *Mannigfaltigkeit bezüglich des Rythmus und der Versart. Man fand namentlich viel Verwandtschaft mit der serbischen, groß- und kleinrussischen Volkspoesie, aber auch mit der orientalischen (Romantik !), speciell mit der hebräischen (Herder !) Dichtung heraus.* » En lui-même, le fragment satisfait aux exigences de la poésie progressive universelle telle que définie par Friedrich Schlegel (écrivain et théoricien du romantisme, 1772-1829), d'autant plus qu'il s'invente une cohérence avec une antiquité indo-européenne fantasmée, dans le cadre d'une axiologie générale des peuples. Mais c'est aux chants d'Ossian que le poème est surtout comparé. La tendance au faux apparaît comme un des traits du romantisme anglais et cet aspect est aussitôt souligné même par des apologistes du manuscrit comme Václav Alois Svoboda (poète et traducteur, 1791-1849) : « *Nous trouverions heureux qu'un nouveau Chatterton apparaisse parmi nous et, sans prêter d'attention particulière à la validité historique de ses œuvres,*

---

trappes qui lui permettaient d'éliminer ses amants. La source orale qu'allègue l'auteur est peu probable si l'on considère avec Graus que le personnage de Libuše n'existe jusqu'au XIX° siècle que dans une tradition lettrée. Danes propose comme source le poème « Der Bad » [Le Bain] d'August Franz Wenzel Griesel (1783-1825), publié dans la revue *Aurora* (*La Bohême dans la littérature allemande du dix-neuvième siècle, op. cit.,* p. 77). Quoi qu'il en soit, il est intéressant de voir l'accusation porter sur les clivages nationaux, qui se sont évidemment radicalisés en 1861.

[97] *Český sen, op. cit.,* p. 93. « *Tim méně pronikl do obrazu Rukopisu zelenohorský výjev Libuše rozmarně se povalující na poduškách jako u Kosmy nebo na koberci jako u Hájka.* » Chez Brentano, on préparait pour Libuše un « siège oriental » : « *mit den Polstern einen orientalischen Sitz zu bereiten* » (*Die Gründung Prags, op. cit.,* acte II, p. 152).

[98] PALACKÝ, František, *Geschichte von Böhmen, op. cit.,* p. 84. Nous citons ici la version allemande du texte, parce qu'elle est encore écrite dans la période dont nous traitons, mais avons déjà soulignés par ailleurs que la critique contre le romantisme était plus directe encore dans le texte tchèque d'après 1848 (voir note 20).

nous demanderions à cet Anglais infortuné de créer nombre de poèmes aussi réussis que l'est le manuscrit de Zelená Hora. »[99]

Outre la référence britannique, un des aspects de l'alternative qui se dessine avec ce manuscrit est certainement, du point de vue des études *gender*, l'héroïne qui en est l'objet. Le choix d'une femme est significatif, puisque le manuscrit de Zelená hora n'est pas, dans l'éveil national tchèque, la seule entreprise de mystification qui mette en scène une femme : pure création du poète Ladislav Čelakovský (1799-1852), la poétesse Žofie Jandová devait même représenter la poésie tchèque dans le recueil de J. Browning *Cheskian Anthology, being a history of the poetical literature of Bohemia* publié à Londres en 1832. En aucun cas il ne s'agit encore des femmes guerrières qui incarnaient la vision allemande des femmes tchèques. De plus, Libuše est elle-même associée au lyrisme et à la poésie, de par la forme poétique du manuscrit : le genre épique étant réservé au manuscrit de Hradec Králové. Qu'on ait pu concevoir cette distinction générique selon un clivage sexué, l'introduction de Louis Leger aux *Chants héroïques* le montre : « les *pesme jenské* (poésie féminines) des Serbes répondent aux chansons populaires de la Bohême : les *pesme junacké* (poésies viriles) à nos chants héroïques. »[100]

Leger compte le manuscrit de Zelená hora au nombre des « chants héroïques » : le poème présente néanmoins certains aspects du *Volkslied* et la dominante lyrique s'y fait voir dès les premiers vers, alors même que le texte semble avoir pour objet une controverse juridique : « Ah ! Veltava, pourquoi troubler tes eaux ? Pourquoi troubler tes eaux argentées ? »[101] Avec les plaintes de la Vltava, puis le motif de l'hirondelle, le texte se poursuit sur un ton élégiaque : « Une hirondelle familière s'envola […] : elle gémit et se plaint tristement »[102], cependant que sont cités un certain nombre de *topoï* de la poésie courtoise, qu'il s'agisse de la question rhétorique initiale, du dialogue avec la nature ou bien, plus précisément, des motifs de l'hirondelle ou de la rivière qui roule l'or dans ses flots (« *vyplakavši zlatopěsku glinu* », « pleurant une tourbe de sable d'or » ; « *zlatonosně* », « aurifère »), comme le Rhin dans la poésie germanique. La sympathie lyrique avec la nature semble être tout ce qui reste des facultés visionnaires du personnage de Libuše : elle est sinon dénuée de tout appareil fabuleux ou merveilleux et nous est montrée dans une pose

---

[99] Cité dans KOSATÍK, Pavel, *České snění*. Torst, Prague 2010, p. 218 : « *pokládali bychom za šťastné, kdyby se mezi námi objevil druhý Chatterton, a prosili bychom ho, nekladouce zvláštní váhu na historickou pravost jeho děl, aby jako nešťastný Brit vytvořil hodně mnoho tak zdařilých básní, jako je Rukopis Zelenohorský.* »

[100] *Chants héroïques, op. cit.*, p. 30. En général, le lyrisme devient un attribut des peuples slaves, comme en témoigne la remarque de Leger : « Les Slaves, on le sait, sont une race chanteuse par excellence ». On peut se demander dans quelle mesure ce nouveau stéréotype n'est pas un avatar de la vision « efféminée » des Slaves.

[101] *Ibid.*, p. 51, vers 10-11 (nous indiquons les vers correspondants du texte original d'après la transcription qu'en donnent Palacký et Šakarík dans *Die ältesten Denkmäler der deutschen Sprache, op. cit.*, p. 32-44 : on trouvera ces pages en annexe).

[102] *Ibid.*, p. 52-53.

hiératique : « La princesse entre vêtue de blanc et prend place sur le trône paternel au milieu de l'illustre assemblée. »[103]

Les vers suivants renforcent l'impression de tableau que donne la scène. « Auprès d'elle se placent deux vierges versées dans les connaissances des lois divines : l'une tient les tables de la loi, l'autre l'épée qui punit les injures ; en face d'elles brille la flamme qui témoigne du droit, à leurs pieds est l'eau sainte qui purifie. »[104] Le commentaire de ce vers par Palacký et Šakařík insiste sur la fonction sacrée, jamais sur la place sociale de la femme dans les sociétés slaves : *« Nach der Ansicht mehrere Völker, namentlich der Slawen und Deutschen, scheinen Aussprüche des Schicksals im Munde der Frauen grössere Heiligkeit zu erlangen [...]. Auch hat sich wilde Kraft der Phantasie und was man den Zustand des Hellsehers nennt, von jeher vorzüglich in Frauen gezeigt. »*[105] Les auteurs illustrent cette thèse par l'exemple des filles de Krok et notamment de Libuše, *« die der Gegenstand unseres Gedichts ist, die weise Richterin und Weissagerin »*[106]. La féminité est interprétée ici comme un attribut du mythe : Libuše apparaît dans le poème, non seulement en allégorie, mais pour ainsi dire en prêtresse de la nation.

L'aspect national prend en effet une place prépondérante dans le texte même du manuscrit, dans la mesure où le jugement de Libuše (*Libušín soud*) est l'occasion d'une description topographique du pays tchèque : « La princesse ordonne d'envoyer des messagers à Svatoslav près de la blanche Loubiça, où croissent les jeunes chênes, à Lutabor sur la cime de Dobroslav, au pied de laquelle l'Elbe boit les eaux de l'Orliça, à Ratibor, des montagnes des géants où Trut tua le serpent cruel, à Radovan près de Kamen-Most, à Jarojir, près des sources de la Veltava, à Strézibor, près de la belle Sazava, à Samorod, près de la Bérounka, dont les flots roulent de l'argent »[107]. Davantage, le jugement rendu par Libuše devient prétexte à un discours anti allemand, lorsqu'est mis en question le droit d'aînesse de Chrudoš : *« sein Ansinnen war dem germanischen*, précise Palacký : *nicht aber dem slawischen Rechte gemäss, welches letztere von den Vorzügen der Primogenitur nichts wissen wollte. Daher kamen hier slawische und germanische Rechtsansichten und Gebräuche in Conflict. »*[108] Le droit slave serait plus égalitaire voire, dans les termes de Palacký, plus « démocratique » : l'appel de Libuše au peuple pour décider entre deux systèmes juridiques donne aussi lieu à une définition anti-allemande de la nation slave.[109]

La réduction du personnage à une allégorie abstraite est ici à son comble, comme le montre bien la réduction des propos misogynes de la partie lésée à deux vers, au profit d'arguments de type

---

[103] *Ibid.,* p. 54.
[104] *Ibid.,* p. 54.
[105] PALACKÝ, František, *Die ältesten Denkmäler der böhmischen Sprache.* Kronberger et Riwnač, Prague 1840, p. 95.
[106] *Ibid.,* p. 95.
[107] *Chants héroïques, op. cit.,* p. 53-54. Leger transcrit par ç le c (« ts- ») tchèque : Lubica, Orlica.
[108] *Die ältesten Denkmäler der böhmischen Sprache, op. cit.,* p. 99-100.
[109] Chez Palacký et Šafařík : « Narod, das gesammte auf dem Sniem, Landtag, duch seine Häupter repräsentirte Volk » (*ibid.,* p. 101).

juridique : « *Malheur aux hommes que gouverne une femme ! C'est à l'homme de commander aux hommes ; c'est à l'aîné qu'il faut donner l'héritage.* »[110] A Libuše outragée qui annonce sans faire de façon qu'elle renonce à régner, Ratibor répond qu'il est honteux d'alléguer le droit allemand ! Le fragment s'achève sur cette réplique et entérine ainsi *de facto* la conception d'un monde slave féminin opposé à un monde germanique masculin, au point qu'on aurait presque le sentiment en le lisant que la reine abdique en faveur d'un Allemand. C'est dire si la sacralisation de Libuše à l'œuvre dans le manuscrit est ambiguë : non seulement, de la manière la plus évidente, parce que le texte est un faux ; mais aussi parce qu'en reprenant à son compte la vision du personnage héritée d'une tradition identifiée comme germanique, l'auteur n'y admet qu'une acception *a minima* de Libuše, révélatrice des incertitudes de la construction nationale en pays tchèque.

Le principal exemple de l'influence du manuscrit dans la littérature tchèque d'avant 1848 est l'opéra de František Škroup *Libušín Sňatek* [Les Noces de Libuše]. Son librettiste Josef Krasoslav Chmelenský (poète romantique et critique, 1800-1839) en a publié le texte en 1832, trois ans avant sa mise en musique. Certes, le texte ne se réfère au manuscrit que de façon très ponctuelle : en ouverture du premier acte, les didascalies citent textuellement le manuscrit de Zelená Hora : « *d'un côté la flamme qui témoigne du droit et de l'autre l'eau sainte qui purifie* »[111]. Toutefois, le tournant *tchèque* qu'a pris le sujet est flagrant. L'œuvre elle-même compte parmi les premiers opéras en langue tchèque, après *Dráteník* [Le Rouineur] (1825) et *Oldřich a Božena* [Oldřich et Božena] (1828). Le sujet est employé à des fins de célébration de la patrie, comme le montre par exemple cette parole de Libuše :

> Que le lointain ne sache rien de moi :
> Qui est tchèque me regarde comme une mère. [112]

Libuše est mise en scène comme mère de la nation. Il est intéressant de voir cette nouvelle image concurrencer dans l'œuvre la représentation en Diane chasseresse en ouverture du premier acte et en reine combattante, au deuxième acte. Reste que sa mise en scène diffère par son parti pris tchèque des marivaudages du livret de Josef Carl Bernard (librettiste romantique, 1781-1850) pour l'opéra de Conradin Kreutzer *Libussa* qui, en 1823, a précédé le *Libušín Sňatek* [Les Noces de Libuše] de Škroup.

---

[110] *Chants héroïques, op. cit.,* p. 57.
[111] CHMELENSKÝ, Josef Krasoslav, *Libussin Sňatek,* Jan Pospíšil, Prague, 1832 : « *na gedné straně plamen prawozwěstný a na druhé swatosaudná woda* ». Nous nous appuyons ici, pour traduire les mots de Chmelenský, sur la traduction du manuscrit par Louis Leger.
[112] *Ibid.* : « *At' neví nic o mně dálka : / Čech-li mát' we mně hledá.* »

DE L'EPIGONISME AU DETOURNEMENT

Les auteurs dont nous traiterons ici ont pour trait commun de réutiliser des motifs romantiques, sans pour autant suivre les évolutions du mouvement à une époque qui a été caractérisée depuis, dans l'espace autrichien, par le terme de « Biedermeier ». Il convient, pour mieux situer ces auteurs, de substituer à une définition stylistique de ces notions une définition historique, selon laquelle la littérature biedermeier est déterminée par la politique répressive de l'empire d'Autriche, auquel cas on peut sans peine étendre la notion aux pays qui appartiennent à la même aire géopolitique ; d'autre part, la radicalisation du discours patriotique dans le romantisme allemand de la première moitié du XIX° siècle et les différents éveils nationaux dans les pays slaves tendent à imposer des définitions nationales, voire seulement patriotiques du romantisme, selon lesquelles un poète comme Josef Krasoslav Chmelenský peut être compté parmi les romantiques, en dépit de son style volontiers néo-classique. On voit cependant combien ces notions paraissent insuffisantes dans le contexte bohême, tant parce que la Bohême participe de ces deux systèmes politiques et littéraires, que parce que la société d'avant 1848 reste assez homogène pour ne pas se réduire à l'opposition d'une population tchèque et d'une population allemande.

Carl Egon Ebert (écrivain représentant du bohémisme, 1801-1882) est compté, tantôt au nombre des auteurs romantiques, tantôt au nombre des écrivains biedermeier : dans son article « Utraquismus als poetisches Programm », Walter Schmitz le rapproche même du « junges Deutschland » pour rendre compte du discours politique qu'il développe dans ses œuvres. Nous préférons le rapprocher, d'un point de vue stylistique, de l'épigonisme allemand (*Epigonentum*), auquel le roman programmatique de Karl Immermann (écrivain et critique, représentant de l'épigonisme, 1796-1840) *Les Epigones* a donné son nom et qui décrit un phénomène de génération dans la littérature allemande : *« das Bewußtsein eines Spätzeitlichkeit [...] mit dem Bewußtsein einer sich neu formenden Wirklichkeit »*[113]. Ebert paraît lui aussi soumis à la « tyrannie de la gloire » qu'évoquait, à propos de Goethe, son ami Karl Gutzkow : l'influence prépondérante de grands prédécesseurs tels Goethe ou Schiller, plus tard Uhland, lui a été reprochée dans l'histoire de la littérature.

Chez Ebert, le phénomène de génération se double progressivement d'un clivage national qui constitue pour lui la nouvelle réalité en train de se former : la conscience de ces évolutions s'exprime dans le programme politique et littéraire du bohémisme. Des trois auteurs étudiés ici, Ebert est celui qui applique le plus délibérément des motifs et des techniques romantiques

---

[113] MARTINI, Fritz, *Deutsche Literatur, von den Anfängen bis zur Gegenwart,* Alfred Körner Verlag, Stuttgart, 1991, p. 356.

préexistants au sujet tchèque de la guerre des femmes, ce qui se double chez lui de la volonté politique d'écrire en allemand sur un sujet tchèque, comme le montre Walter Schmitz ; on peut en outre observer chez lui comme chez les épigones allemands un penchant à l'historicisme. Les romans d'aventure ou romans historiques du « Walter Scott allemand » Carl Franz van der Velde (auteur de romans triviaux, 1779-1824) n'ont certes pas la même exigence poétique : ils témoignent davantage d'une trivialisation du romantisme. Chez l'écrivain tchèque de langue allemande Josef Jiří Kolař (acteur et auteur romantique, 1812-1896), l'utilisation des motifs romantiques est plus tardive et tient désormais du détournement littéraire.

Splendeurs et misère d'une courtisane : Carl Franz van der Velde, Der böhmische Mägdekrieg.

La traduction immédiate de l'œuvre de Carl Franz van der Velde, non seulement en tchèque par Václav Špinka, mais aussi en français par Léon Astoin, et de l'intégrale des romans historiques par A. Loèves-Veimars, témoignent du succès du roman. Publié en 1826, *La guerre des filles de Bohême* (*Der böhmische Mägdekrieg*) est, en tant que roman à succès, représentatif des conventions littéraires et sociales en cours auprès de son lectorat ; et plus particulièrement des structures patriarcales et de l'idéologie allemande qui dominaient alors dans le rapport des sexes, d'une part, et dans les conflits sous-jacents entre monde slave et monde germanique, de l'autre. Dalibor Tureček parle d'une *« trivialisation du sujet initial »*[114] et le restitue dans le contexte des farces de faubourg viennoises comme, en 1817, *Wlasta oder die kriegerischen Mädchen* [Vlasta, ou Les femmes guerrières] ; en 1818, *Scharka, die Retterin Böhmens oder Der Hunnenkönig* [Šárka, sauveur de Bohême, ou le roi des Huns] ; en 1823, à Brno, *Vlasta neboli bojovné dívky v Čechách* [Vlasta, ou Les femmes guerrières de Bohême]. Le roman de Van der Velde a ainsi fait l'objet d'adaptations théâtrales, dont une adaptation sous forme d'opéra dans les années 1820 et une adaptation française au théâtre.

Le roman comporte trente-huit chapitres, répartis en deux livres de 194 pages et de 143 pages chacun. Van der Velde reprend très précisément la trame narrative de Hájek, avec tous les éléments romanesques qu'elle contient, en y ajoutant des empoisonnements et des envoûtements : notamment lorsque Vlasta (Wlasta) condamne Přemysl (Primislav) et plus tard Brela, une sœur de Libuše (Libussa), à une mort qui est particulièrement lente, puisque le roman s'achève sur le décès du souverain. Les noms des sœurs Brela et Therba montre d'ailleurs que l'auteur avait connaissance du conte de Musäus. Mais il est plus curieux de le voir recourir aux inventions de Caroline von

---

[114] TUREČEK, Dalibor, « Amazonky na hranici humoru a travestie : české veselohry a vídeňská fraška », in Just, Vladimír (éd.), *Divadelní revue 1996*, Divadelní ústav v Praze, Prague, 1996, p. 37 : « *trivializace původny látky* ».

Woltmann dans un texte qui prône une soumission aussi radicale de la femme. Comme dans « Der Mädchenkrieg », la maisonnée de Hesky compte sept fils, dont le rôle dans le conflit est décisif, puisque ce sont eux qui mettent finalement à mort Vlasta ; au couple de Hravka et Dobromilia chez Caroline von Woltmann, répondent les deux filles de Radga, Šárka (Sarka) et Hruaba. Chez Van der Velde, l'histoire de ces deux familles se révèle être la clef de toute l'intrigue.

Hesky est séduit par une des filles de Děvín (que Van der Velde, de façon curieuse, transcrit par : *Diewni*) et trompe sa femme Častavá (Czastawa), laquelle est avertie par les autres comparses de Vlasta, qui la gagnent ainsi à leur cause : Častavá empoisonne son mari et fuit à Děvín. Mais elle est torturée par le remord et devient folle en voyant paraître à Děvín son fils aîné Stiason, qui revient de l'exil auquel Přemysl l'a condamné pour une faute que l'auteur ne nous révèlera pas. Stiason a une aventure amoureuse avec Vlasta, mais la quitte lorsque sa mère se précipite du haut des remparts de Děvín sous ses yeux : il rejoint alors ses frères, ennemis jurés de Vlasta, et combat avec eux jusqu'à mettre à mort son ancienne amante, lors de l'assaut final de Děvín. Il est alors gracié par le souverain. On voit à cette première histoire que la Vlasta de Van der Velde fait peu de cas de sa virginité : dans le roman, les habitantes de Děvín se comportent en courtisanes ; l'adultère de Hesky et la relation de Vlasta avec Stiason donnent même lieu à des scènes légèrement érotiques, manifestement destinée à un public masculin.

A l'image de Hravka et Dobromilia, les deux filles de Radga se montrent de mœurs plus exemplaires, même si radicalement opposée par le caractère. Šárka est une représentante de l'héroïsme féminin et la favorite de Vlasta, qui la comble d'honneurs : on ne tarde pas à apprendre qu'elle est sa fille naturelle. Hruaba est, quant à elle, une jeune fille modèle qui refuse de suivre sa sœur trop impétueuse à Děvín et reste chez sa mère, la misandre Radga. Elle tombe amoureuse du fils de Přemysl, Nezamysl (Nezamislav) : mais Radga et Šárka les surprennent et arrêtent le jeune prince, ainsi que son maître d'armes Bäringer. Šárka tombe alors amoureuse de Bäringer et, gagnée à la cause du prince, les laisse tous deux rejoindre Přemysl. Par fidélité pour Vlasta, elle accepte encore de séduire Ctirad (Cytrad). C'est l'occasion pour l'auteur d'une nouvelle scène érotique : « *die reichen, dunklen Locken um den entschleierten Busen wallend [...], riß die Jungfrau mit freudiger Hast die Hand des Retters an ihre Lippen und an ihre warme Brust* »[115]. Au chapitre suivant, elle apprend de Vlasta que Ctirad est son père : il a séduit et abandonné la jeune suivante de Libuše, ce dont elle se venge maintenant en le faisant déchiqueter. Après la mort de Vlasta, Hruaba épouse Nezamysl et Šárka renonce à un mariage avec Bäringer, pour aller expier ses fautes dans un couvent.

---

[115] VELDE, Carl Franz (van der), *Der böhmische Mägdekrieg : ein Nachtstück aus dem zweiten Viertel des achten Jahrhunderts*, Arnoldische Buchhandlung, Dresde, 1826, II, chapitre 31, p. 92-93.

Le sous-titre du roman, « Ein Nachtstück aus dem zweiten Viertel des achten Jahrhunderts », donne le ton du roman. La scène se situe dans un Moyen-âge de convention : Děvín est un véritable château fort, avec un pont-levis et des créneaux d'où l'on jette de l'huile bouillante et de la poix fondue sur les assaillants. Mais l'invention la plus représentative de ces ténèbres médiévales est sans doute le personnage de la sorcière Pylweise, lointaine parente littéraire de la Swratka de Brentano. Vlasta recourt d'abord à ses services, mais ne tarde pas à éliminer ce personnage encombrant et parfaitement inutile à l'action : elle se fait matricide par la même occasion. Sa première rencontre avec la naine multiplie les stéréotypes romantiques : les « *bemooste Steine mit Runen bezeichnet* », « *Menschengebeine* », « *ein einzelner Rabe* », « *das Geheul eines hungernden Wolf* »[116] ne manquent pas, ainsi que l'inévitable référence à la mythologie slave, avec le nom de « *Czernobog* »[117]. Comme Swratka, la sorcière Pylweise est montrée dans la transe : « *In Zuckungen stürzte sie zur Erde, erhob sich dann mit fürchterlicher Gewalt, ward mannhoch in die Höhe geworfen, und gegen den Boden und gegen die Felsenwände geschleudert.* »[118]

Avec ce personnage, l'auteur place la guerre des femmes sous un patronage de mauvais aloi ; que lui corresponde la représentation romantique d'une Bohême sauvage et mystérieuse, cela est significatif. L'appel à la révolte de Vlasta associe d'une façon comparable le discours paradoxal de la rédemption de la femme par l'homme, à des propos manifestement slavophobes : « *Wo der rohe Mann sich hinausgearbeitet zum Menschen, da wird das Weib Gefährtin, Freundin, auch wohl Gebieterin. Wo der Mann neben dem Thiere steht, ist sie Sklavin geblieben.* »[119] De même, la beauté de Vlasta est presque une caricature des canons tchèques tels qu'on les a trouvés esquissés chez Caroline von Woltmann ou Brentano et tels, surtout, que les développera Theodor Mundt : « *das Gewöhnliche Maaß des weiblichen Körpers überschreitend, fast für die Umarmung eines Giganten geschaffen schien.* »[120] Van der Velde mentionne « *das schöne, blühende Antliß, die üppige Fülle und die richtige Verhältnisse des Körpers* »[121]. En seconde analyse, cette représentation coïncide avec l'expression de fantasmes masculins qui fait de Vlasta, par exemple, « *eine entwaffnete*

---

[116] *Ibid.,* I, chapitre 4, p. 39. Tous les motifs cités proviennent d'un unique paragraphe. D'une manière générale, le paysage joue dans cette scène un rôle déterminant. Sous une forme popularisée par le romantisme, il sert à exprimer une *Stimmung* et, ici plus particulièrement, le cliché d'une Bohême romantique pleine de « *Felsengebirge* » : « *Jenseits einer schwarzen Fläche voll verkohlten Baumstürze, deren Stämme ein großer Fortsbrand verzehrt, ein grauer Felsklumpen [stieg] über die hohen Tannen empor.* » (p. 38) Au cours du roman, Van der Velde emploie fréquemment le procédé du paysage expressif pour introduire ses chapitres.
[117] *Ibid.,* I, chapitre 4, p. 45. Parmi les manifestations surnaturelles de ce chapitre, la plus étonnante est sans doute l'apparition d'un nain nébuleux (« *das Nebelbild eines häßlichen, erdfahlen Zwerges* », p. 44) peut-être inspiré des Nibelungen, ces lointains descendants du brouillard. Selon le scandinaviste de l'époque Frédéric Gustave Eichhof : « Nibelung, fils des brouillards » (EICHHOFF, Frédéric Gustave, *Tableau de la littérature du Nord au Moyen-âge,* Didier & Cie., Paris, 1857, p. 356)
[118] *Der böhmische Mägdekrieg, op. cit.,* I, chapitre 4, p. 41.
[119] *Ibid.,* I, chapitre 2, p. 24.
[120] *Ibid.,* I, chapitre 1, p. 9.
[121] *Der böhmische Mägdekrieg, op. cit.,* I, chapitre I, p. 9.

Bellona, schön und schrecklich »[122] et la compare volontiers aux Amazones, jusqu'à lui assigner le cheval tigré de Penthésilée.

Que cette image soit celle d'une courtisane, la louange de Vlasta par l'amante de Hesky Wradka le montre assez : « *Das ist ja unser bestes Glück unter Wlasta's Zepter, daß wir unsere Herzen verschenken können nach unserem Gelüst.* »[123] Děvín constitue donc un espace fantasmé, correspondant à la fonction sociale de la maison de tolérance au XIX° siècle. La faute de l'adultère retombe d'ailleurs sur la femme, comme le déclare explicitement Hesky : « *Unvermählte Dirnen,* dit-il à Wradka, *sollen sich nicht um das stille Treiben unter Eheleuten kümmern [...]. Dir aber ziemt es am wenigstens, Dein Gift über meine Gattin zu sprißen, nachdem du mich zu Kränkung ihrer Rechte verlockt hast.* »[124] Non seulement l'épopée vire ici à la comédie de boulevard, notamment lorsque Častavá, vis-à-vis de son mari « *der, um ihre Blicke zu vermeiden, sich viel mit seinen Jagdgeräthe zu schaffen machte* »[125], prétend quant à elle souffrir de maux de tête ; mais il apparaît clairement dans ces scènes que la punition de Hesky dans le premier livre, comme celle de Ctirad dans le second, sont démesurées par rapport à la faute qu'ils ont commises : Častavá l'expiera de sa vie.

L'individualisation sexuée des rôles sociaux atteint ici la forme extrême d'une discrimination, en vertu de laquelle tout travestissement est sévèrement condamné. L'« androgynie » des femmes guerrières est taxée de singerie : « *Vergebens äfft ihr stolz den Männern nach !* »[126] s'écrie le preux Bäringer. Le rapport de Vlasta à Libuše est analysé dans les mêmes termes : « *Sie will Libussen die Fürstin nachspielen, wie der Affe den Menschen nachahmt.* »[127] Du côté des hommes aussi, une des premières preuves de la sournoiserie et de l'hypocrisie du vassal de Přemysl Wrsh est de se déguiser en vieille femme pour s'introduire à Děvín : il mourra de la main de Nezamysl, après avoir porté la traîtrise à son comble par le massacre de la délégation de Děvín au château du suzerain. Dans ces conditions, l'héroïsme dont Šárka fait montre ne saurait être qu'une marque de naïveté. C'est le sens de la leçon que lui fait Bäringer quand elle cède aux sentiments qu'elle éprouve pour lui : « *Gib ihm das Schwert, bat er. Die Spindel steht Euch wahrlich besser. Sie ist das Schöne Bild der Regierung im Innern des Hauses, die Euch Weibern vernünftigerweise niemand streitig machen wird.* »[128]

Les quelques personnages féminins positifs du roman exemplifient cette interprétation littérale des propos que l'on trouvait rapportés dans les différentes chroniques comme des railleries

---

[122] *Ibid.*, I, chapitre 17, p. 146.
[123] *Ibid.*, I, chapitre 10, p. 91.
[124] *Ibid.*, I, chapitre 9, p. 87.
[125] *Ibid.*, I, chapitre 11, p. 95.
[126] *Ibid.*, II, chapitre 25, p. 45.
[127] *Ibid.*, I, chapitre 7, p. 68.
[128] *Ibid.*, II, chapitre 25, p. 53.

injurieuses. Tandis que Přemysl agonise tout au long du roman, Brela le soigne et Therba prie : les sœurs de Libuše deviennent, l'une un médecin de famille, l'autre une bigote. Cette vision familiale des légendes tchèques est évidente lorsque Therba appelle la couronne de Bohême « *die Krone unsers edeln Schwagers* »[129]. Mais c'est surtout Hruaba qui sert de contre-modèle aux femmes de Děvín : elle n'a du reste aucun rôle dans l'action romanesque et n'est là que pour incarner les vertus domestiques, selon le pendant par lequel Caroline von Woltmann rééquilibrait déjà son épopée féminine. Ainsi elle est toujours représentée « *an einer kunstreichen Stickerei* »[130], pleine pour son petit frère d'une sollicitude maternelle et, en général, d'une sentimentalité exacerbée. Ses conceptions de la femme n'ont rien de féministes : « *Ja, süß muß auch der Gehorsam seyn, wo Liebe herrscht und Liebe dient, und der Mann wird gewiß die Rechte ehren, die schon die Schwäche unserm Geschlecht gibt* »[131], puisqu'elle institue par là en termes de droits la locution de « sexe faible ».

Il devient explicite à la fin du roman que ce personnage fait écho au personnage de Libuše, davantage encore que Šárka au personnage de Vlasta : « *Sei wie Libussa !* »[132] est en effet la bénédiction de Přemysl avant de mourir, lorsque Hruaba épouse son fils. Dans *La Guerre des filles de Bohême*, la figure de Libuše sert de patronage à la féminité vertueuse : le roman s'ouvre sur la scène de sa mort, où elle est décrite comme une pâle jeune fille qui prend des sels et, finalement, dans les termes plus morbides encore de « *schöne Leiche* »[133]. Comme chez Novalis, le personnage d'une défunte incarne au mieux un idéal féminin inaccessible, de même que la nostalgie du passé : « *Libussens Stern ist untergegangen, sprach Ctyrad in tiefer Wehmut : und dunkler und immer dunkler wird es an Böhmens Horizonte !* »[134] S'ensuit une sacralisation dont la critique du romantisme n'a pas manqué de relever l'ambigüité : décrite au premier chapitre avec une Vierge à l'Enfant dans les mains, « *das seinen wahren Namen in der Dämmerung des Heidenthumes noch unter dem Namen der Untergottin Klimba verborg* »[135], Libuše préfigure la conversion au christianisme, notamment lorsque Therba reçoit la *bonne nouvelle* sur la tombe de Libuše, dans une mise en scène particulièrement romantique : « *Da stand ich im Traume an Libussens Denksteine* »[136].

Ce rappel lointain du statut de prophétesse ne fait aucune place au discours national ou patriotique ; davantage, la sacralisation de Libuše l'exclut ici du monde politique. La seule mention

---

[129] *Ibid.*
[130] *Ibid.*, I, chapitre 5, p. 47.
[131] *Ibid.*, I, chapitre 19, p. 171.
[132] *Ibid.*, II, chapitre 38, p. 140.
[133] *Ibid.*, I, chapitre 1, p. 21.
[134] *Ibid.*, I, chapitre 7, p. 77.
[135] *Ibid.*, I, chapitre 1, p. 8-9.
[136] *Ibid.*, II, chapitre 36, p. 129. La bonne nouvelle dont il s'agit est évidemment la bonne nouvelle évangélique, mais aussi, d'un point de vue plus pratique, la nouvelle de la victoire finale de Přemysl.

qui est faite de son gouvernement intervient au moment où Vlasta tombe enceinte de Ctirad : « *Entdeckung ihrer Schmach hätte sie bei Libussens keuscher Strenge auf ewig von dem Libin verbannt.* »[137] La prude souveraine est donc avant tout une garante de bonne moralité. Il y a entre la reine et la guerrière la même distinction qu'entre espace privé et espace public, l'un étant en principe le domaine du féminin et l'autre, le domaine du masculin. Cette opposition des deux personnages trouve même une expression poétologique. Libuše a pour coutume, dans les mots mêmes de Vlasta, de raconter des histoires : « *Nur war bei ihr in der Regel der Ausgang freudig.* »[138] Elle représente par là la *comédie* allemande, par opposition à Vlasta qui se présente d'elle-même comme une figure tragique. Les deux exemples que nous avons présentés, dans le domaine politique d'une part, dans le domaine stylistique de l'autre, montrent Libuše dans le contexte privé et bourgeois qui est aussi celui de Hruaba.

Il est dès lors évident que le patriotisme est un genre réservé aux hommes et en premier lieu, semblerait-il, à Přemysl. Pourtant son discours n'est pas loin de la slavophobie, lorsqu'il s'adresse au peuple tchèque avant de mourir : « *Euer alter Fehler, Ihr Böhmen, sprach er. Im Unglück verzagend, übermüthig und gewaltthätig im Glück.* »[139] Au chapitre 7, il s'oppose à faire appel à des forces étrangères pour résoudre le conflit tchèque : faut-il en déduire une médisance de la part de ses ennemis, lorsque Vlasta annonce : « *Wie meine Kundschafter berichten, läßt der Herzog heimlich werben bei den Chagan der Hunnen* »[140] ? Ou faut-il y voir une parenté de Přemysl avec le faible Gunther dans les *Nibelungen*, qui cherche lui aussi une alliance avec les Huns ? Quoiqu'il en soit, le discours patriotique est nettement reporté par le narrateur sur ses personnages allemands, du personnage très secondaire Wulf, « *ein freier Mann aus Franken* »[141], à Bäringer qui rétorque sans ambages à ses ennemis : « *Aus keiner Rücksicht wird ein edler Franke gegen seine Überzeugung sprechen.* »[142] Dans cette Bohême arriérée, la germanité va de pair avec le christianisme, ce que Bäringer n'hésite pas à rappeler lorsqu'il refuse Šárka avec les mots : « *Ich bin ein Deutscher, ich bin Ritter, ich bin Christ !* »[143] L'idéal de l'*homme* allemand assume désormais toute la dimension patriotique et messianique du texte : le roman témoigne d'une radicalisation des clivages nationaux.

---

[137] *Ibid.,* II, chapitre 35, p. 121.
[138] *Ibid.,* II, chapitre 35, p. 115.
[139] *Ibid.,* II, chapitre 38, p. 140.
[140] *Ibid.,* I, chapitre 26, p. 63.
[141] *Ibid.,* I, chapitre 19, p. 162.
[142] *Ibid.,* II, chapitre 25, p. 45.
[143] *Ibid.,* II, chapitre 25, p. 53. Plus loin, Bäringer accepte d'épouser Šárka sous ces conditions : « *Wollt Ihr meine eheliche Hausfrau werden, doch nach rechter christlicher Frankensitte, nicht nach neuböhmischer ?* » (p. 57) Dans la perspective de l'évangélisation, l'Allemagne apparaît comme l'avenir de la Bohême. Par son choix d'entrée au couvent dans un pays allemand, Šárka accomplit la conversion que lui proposait Bäringer au-delà de toute attente.

Vlasta à la mode de Bohême : l'« épopée nationale » Wlasta de Carl Egon Ebert.

Selon J. Urzidil, la publication du poème de Carl Egon Ebert *Wlasta*, en 1829, a provoqué à Prague une véritable mode du motif : *« die Prager Deutschen fühlten ihr 'böhmisch-patriotisches' Herz und trugen Wlasta-Krawatten, Wlasta-Hüte unde Wlasta-Stöcke »*[144]. On peut souligner deux caractéristiques de cette mode. La première est l'apparition de l'idée bohême, comme une patrie pour deux peuples : dans la littérature, Ebert se fait le principal représentant de cet « utraquisme bohême ». *« Ich schrieb böhmisch-patriotisch,* écrit-il, *fast ehe es die Czechen taten. Allein ich kann nicht czechisch und patriotisch denken und fühlen, den Czechen dagegen jedes wirklich gleiche Recht gönnend. »*[145] Cela constitue cependant une des difficultés majeures de son étude, dans la mesure où il se prête par là à une relecture nationaliste, voire annexionniste, allemande : l'article que publie Wilhelm Kraus en 1935 dans la revue *Dichtung und Volkstum* est pour partie tributaire d'une telle idéologie. Contre cela, on peut souligner avec Walter Schmitz que le poème d'ouverture de *Wlasta* a inauguré la publication germanophone du premier organe de l'Eveil national tchèque, la revue du musée national : Hanka lui-même en a traduit deux poèmes dans la publication tchèque.

En second lieu, la vogue du personnage de Vlasta dans la littérature triviale, voire satirique, ainsi que le succès de librairie qu'avait connu le roman de Carl Franz van der Velde, avaient certainement préparé la réception du *Wlasta* d'Ebert, dont la citation d'Urzidil montre la popularité : le public seulement n'est pas tout-à-fait le même. Eu égard aux exigences poétiques du poète bohême, il peut paraître surprenant de le voir recourir à des *topoï* et à des motifs empruntés à la littérature triviale. Les titres des onze poèmes qui composent le premier livre, des seize poèmes du deuxième et des dix-huit poèmes du troisième témoignent d'une littérature à effets qui abuse aussi bien que le roman de Van der Velde, d'après Tureček, « des motifs mystérieux et magiques » : ainsi « Das Geheimnis », « Die Beschwörung », « Das Grab ». Certains emprunts à *La Guerre des filles de Bohême* sont flagrants, tels le personnage de la sorcière naine Straba ou encore la visite de Kazi (Kascha) à Děvín (Diewin), même si ces épisodes tendent chez Ebert à réhabiliter Vlasta plutôt qu'à la condamner. Il n'en demeure pas moins que les nombreux aspects romanesques du « poème héroïque » *Wlasta* justifiaient de le considérer comme un roman en vers, tel que Walter Scott en avait donné le modèle aux romantismes centre-européens.

Au premier livre, Vlasta, qui voit son amour secret pour Přemysl (Primyslaw) éconduit, prend en main la destinée des femmes du pays. A cette fin, elle s'allie à Straba, qui lui donne le filtre qui doit fanatiser ses compagnes. Les rebelles prennent le château de Motol et utilisent la tête du seigneur du lieu pour servir de pierre de fondation au château de Děvín. Au second livre, le

---

[144] Cité dans « Utraquismus als poetisches Programm », *op. cit.,* p. 192.
[145] *Ibid.,* p. 161.

château est déjà construit. Intervient l'épisode de Ctirad, qui est soumis au supplice de la roue sous les yeux de Přemysl impuissant. Samoslav (Samoslaus) et les quelques hommes qui prennent alors les armes contre les femmes sont défaits en combat loyal, mais Straba réclame la moitié du butin pour son rôle d'informatrice, sur quoi Vlasta la désavoue publiquement. Suite à cette victoire, Kazi est envoyée par Přemysl à Děvín, mais n'obtient de Vlasta aucune concession. Au troisième livre, Straba se venge en indiquant à des hommes en armes le passage secret qui mène à la chambre de Vlasta, mais celle-ci met les hommes en fuite qui, par dépit, tuent la sorcière. Enfin les femmes décident d'un assaut final du château du souverain. Fait prisonnier, le fils de Přemysl Nezamysl (Nesamyslaw) est rendu à son père, qui accepte un combat singulier avec Vlasta, mais elle cède à ses sentiments et s'évanouit. Elle est finalement tuée dans un dernier assaut par le jeune Stiason, qui venge ainsi un amour que la guerre avait rendu impossible.

Le poète donne à cette matière romanesque la forme d'une « épopée nationale bohême » : *Wlasta* est caractérisé par son auteur comme *« ein national-böhmisches Heldengedicht »*. Le modèle en est évidemment le chant des Nibelungen. Inspiré par Uhland (poète romantique, 1787-1862), Ebert utilise une forme métrique proche du vers des *Nibelungen* ; les vers sont regroupés en quatrains, de sorte que les poèmes de *Wlasta* rappellent la division des *epos* allemands en « aventures ». Selon Demetz, *« Ebert erzählte tschechische Sagen in der Nibelungenstrophe »*[146]. L'auteur cite par ailleurs un certain nombre des *topoï* de l'épopée antique ou, plus volontiers encore, des grands romans en vers de la littérature germanique (combats singuliers des héros, augures surnaturels). L'énumération des chefs de guerre dans le poème « Die Wladiken » est caractéristique de l'application de modèles homériques au contexte tchèque :

> Auch Krason ist zugegen, und der gewalt'ge Smil,
> Und Swat der Unerschrock'ne, der nie im Kampf noch fiel,
> Und Stosch der Keulenschwinger, der Rossebänd'ger Ctir,
> Der Wolfbezähmer Rohon, der flinke Ludimir.[147]

Ebert recourt ainsi à des formes stylistiques archaïsantes. L'emploi cataphorique des verbes de discours est fréquent, comme pour Straba après une série de malédictions : *« sie ruft's, und die Ruthe... »*[148]. On peut donc avancer que le poète a choisi son sujet d'abord pour sa valeur épique : Vlasta représente pour lui une Kriemhild tchèque.

---

[146] *Ibid.*, p. 175. Schmitz cite aussi une lettre d'Uhland datée du trois septembre 1829 selon laquelle Ebert l'aurait informé de la découverte par Hanka d'un poème en ancien tchèque, dont une scène de chasse rappelait le début des *Nibelungen*. Il s'agissait d'un malentendu, mais il montre bien l'intérêt des cercles littéraires de l'époque pour les épopées nationales, en l'occurrence *« ein altböhmisches Nibelungenlied »* (p. 175-176)

[147] EBERT, Karl Egon, *Wlasta : Böhmisch-nationales Heldengedicht in drei Büchern*, Calve, Prague, 1829, II, « Die Wladiken », p. 120.

[148] *Ibid.*, « Die Beschwörung », III, p. 205.

Le caractère patriotique du programme poétique d'Ebert se déclare dès les premiers vers du poème d'ouverture, où ce n'est plus à la muse, mais à la patrie que s'adresse le poète :

> Ihr Berge, stolze Berge, du schwarze Wäldernacht,
> Ihr golderfüllten Ströme, ihr Au'n in grüner Pracht,
> Ihr sanft gewölbten Hügel in blumigen Gewand,
> Euch nenn' ich, freudig rufend, mein schönes Vaterland ![149]

Les paysages de Bohême occupent dans *Wlasta* une place prédominante. L'auteur systématise un procédé narratif déjà fréquent chez Carl Franz van der Velde et introduit tous ses poèmes par un paysage ou des scènes de la nature. Peut-être peut-on aussi voir dans cette forme une réminiscence du manuscrit de Zelená hora, auquel Ebert ne fait par ailleurs qu'une lointaine référence, lorsqu'il cite le nom de Chrudoš (Hrudosch) parmi les noms d'autres guerriers[150]. Toujours est-il que l'effet recherché par ces deux poèmes est identiques : la célébration de la patrie, voire la *sympathie* de la nature avec les événements historiques. La forme épique devient prétexte à des développements lyriques, comme dans la comparaison homérique : « *Wenn oft die reiche Erde des Himmels dunkler Spruch* »[151], qui s'étend sur trois strophes, dont deux consacrées au paysage. L'exemple est plus frappant encore dans le poème d'ouverture du deuxième livre, où la description de la Bohême enneigée n'introduit pas d'autre action que l'arrivée du printemps :

> Die Frühlingssonne sandte den ersten lauen Strahl,
> Da floß der Schnee in Strömen vom Hochgebirg' in's Thal,
> Da zog in kühlen Nebeln des Winters Rest empor,
> Und grüne Spißen drangen aus Feld und Baum empor.[152]

Les personnages sont les premiers supports de cette *Naturlyrik*, à commencer par Libuše, qui apparaît de nouveau comme la garante de la symbiose avec la nature : « *ihres großes Herz erstärkend am Labsal der Natur* »[153]. Du reste, le personnage n'est présent dans le roman que sous forme de références, mais sur ce point aussi Vlasta suit l'exemple de sa maîtresse, notamment dans le poème « Das Gebeth » : en montant sur le mont Petřín (Petrzin) pour y faire un sacrifice, l'héroïne se retrouve non seulement dans la position de Clemens Brentano au début de son drame, mais surtout dans celle du « premier père » Čech qui découvre la Bohême du sommet du mont Říp, le premier cité des monts qu'elle aperçoit :

---

[149] *Ibid.,* I, « Eingang », p. 3.
[150] *Ibid.,* III, p. 298, dans le poème « Der Ausfall ». Dans le poème suivant, Chrudoš est déjà mort.
[151] *Ibid.,* III, « Uebergang », p. 191.
[152] *Ibid.,* II, « Uebergang », p. 82.
[153] *Ibid.,* I, « Das Gastmahl », p. 50.

Und über diese Felsen blikt Wlasta jeßt dahin,
Und kann die Berge alle um Veste Oskorin
Den kahlen Rip, den Kostjal, die Mileschower Höh'n,
Den Besdjes, Teltsch, den Lobosch, den Haasenberg ersehn.[154]

Que ce panorama de la Bohême doive être interprété dans un sens patriotique, cela est rendu explicite dans la suite du poème : Vlasta est saisie, « *Heimathliebe bewegt ihr warm die Brust* »[155]. On voit à son lyrisme patriotique que l'héroïne d'Ebert est loin d'être un personnage négatif. Ses actes, non ses sentiments, l'opposent à la patrie : « *Du sprichst dem Vaterlande*, la met en garde un esprit au début du poème : *du sprichst den Göttern Hohn.* »[156] La psychologisation du personnage, son amour pour Přemysl notamment, contribue à sa défense et à son illustration.

C'est là un deuxième aspect de l'échec de l'épopée dans le poème, qui a déjà été relevé et commenté du vivant de l'auteur, notamment par Theodor Mundt (écrivain du *junges Deutschland*, 1808-1861) qui trouve la version ebertienne de la guerre des femmes trop sentimentale et qualifie sa Vlasta de « *Stickermädchen, das sich aus einer Leihbibliothek einen gefühlvollen Schwung zusammengelesen hat* »[157] : c'est-à-dire, selon les mots d'Udo Köster, une jeune fille biedermeier[158]. On pourrait tirer les mêmes conclusions de la critique de Goethe, qui relève l'écart entre le traitement des paysages et le traitement du sujet historique, qu'il rapporte lui aussi à des question d'*époque* : « *Landschaften, Sonnenauf- und untergänge, Stellen, wo die äußere Welt die seinige war, sind volkommen gut und nicht besser zu machen. Das übrige aber, was in den vergangenen Jahrhunderten hinauslag, was der Sage angehörte, ist nicht in der gehörigen Wahrheit erschienen, und es mangelt diesem der eigentliche Kern. Die Amazonen und ihr Leben und Handeln sind ins Allgemeine gezogen, in das, was junge Leute für poetisch und romantisch halten.* »[159] Schmitz allègue l'épopée nationale comme genre littéraire, pour sauver la cohérence stylistique du poème d'Ebert : néanmoins la forme épique est démentie, pour peu que l'on s'intéresse au personnage et à ses propres ambivalences.

Il est caractéristique que la Vlasta d'Ebert soit montrée plus souvent dans son lit qu'au combat. La scène où elle réveille ses compagnes en pleine nuit, « *wie rasend fort und fort* », a quelque chose de passablement ridicule :

Auf taumelt die Eine, die Zweite murrt im Traum,

---

[154] *Ibid.*, III, p. 197.
[155] *Ibid.*, III, p. 198.
[156] *Ibid.*, I, « Die Warnung », p. 46.
[157] MUNDT, Theodor, *Madonna. Unterhaltungen mit einer Heiligen*, Leipzig, 1835.
[158] Voir bibliographie.
[159] Cité dans « Utraquismus als poetisches Programm », *op. cit.*, p. 177.

Die Dritte wacht und hebt sich, und fühlt sich selbst noch kaum,
Die Vierte greift behende nach Bogen, Speer und Schild,
Die Fünfte steht schon aufrecht, und rollt die Augen wild.[160]

Aussi l'héroïsme de Vlasta est-il mis en échec par le discours consensuel sur la femme, qui permet précisément ce genre de représentations de la « paresseuse fille » et, de façon plus générale, l'image de la jeune fille biedermeier. Kazi explique par exemple à l'héroïne : « *Das Weib, es gleicht dem Monde, die Sonne ist der Mann.* »[161] Lorsque Vlasta, finalement prise de doute, s'écrie en voyant ses compagnes prendre d'assaut le château du souverain : « *Ihr eigen ist doch nimmer, und nimmer frei ist das Weib !* »[162], elle discrédite toute son épopée : il y a là encore une contradiction avec ses actes, qui montre avant tout qu'Ebert ne s'intéresse pas tellement à la question de la femme qu'aux motifs héroïco-patriotiques (plus généralement associés à des personnages masculins), selon la distinction que fait Přemysl en guise d'oraison funèbre, lorsqu'il rend hommage à son ennemie défunte : « *Ein Weib statt eines Mannes, nein, beides, eng gepaart* »[163].

Ebert présente donc le même embarras que les éveilleurs nationaux face au caractère sexué de cette légende que son ami Palacký avait dite « étrange » et que lui-même n'envisage que dans une perspective patriotique. Dans la notice qui accompagne le texte, Ebert interprète la légende, sinon comme une vérité historique, du moins comme un témoignage sur le peuple qui l'a produite : « *sollte deßhalb geläugnet werden können, daß die Sage dennoch aus eigenthümlichen Verhältnisse des Volks hervogegangen, in welchem sich selbe erzeugte und erhielt ? und ist es nicht auffallend, daß wir beinahe in derselben Zeit von einer Wanda in Pohlen, und später in der ältern böhmischen Geschichte noch von einer Bila und andern Mannweibern hören ?* »[164] Non seulement Ebert identifie l'histoire de Vlasta comme un récit proprement bohème, mais il fait ici de l'« androgyne » un personnage caractéristique des peuples slaves, selon une conception que l'on a vu se développer d'abord dans la littérature allemande. De ce point de vue, Vlasta est un sujet « bohème » plus encore que « tchèque » : c'est-à-dire que l'androgynie apparaît comme un caractère de ce qu'on a appelé plus tard, en recourant à une autre image, l'« utraquisme » bohême[165].

---

[160] *Wlasta, op. cit.*, « Die Botschaft », p. 129.
[161] *Ibid.*, II, « Der Besuch », p. 163. Chez Brentano, Libuše était fréquemment comparée au soleil ; tandis que Přemysl était identifié au dieu slave de la lune.
[162] *Ibid.*, III, « Der Ausfall », p. 293.
[163] *Ibid.*, III, « Die Aufklärung », p. 306.
[164] *Ibid.*, p. 314.
[165] On peut aussi relever qu'Ebert est un des rares auteurs à ne pas utiliser le terme d'« amazone ». Il ne s'y réfère pas même dans la notice, quand il évoque les décrets de Vlasta : lui-même a délibérément écarté les lois les plus cruelles, soit celles qui étaient manifestement empruntées aux mythes grecs. « *Warum in vorliegendem Gedichte von diesen Geseßen, als solchen, kein Gebrauch gemacht, und nur einige beihin erwähnt worden, bedarf wohl keiner Erörterung.* » (p. 321) Faut-il y voir une distanciation par rapport aux représentations érotiques sous-jacentes à la notion d'amazone, ou simplement la volonté de donner de la légende une interprétation exclusivement « tchèque » ?

C'est du moins par cett notion que Walther Schmitz interprète tout le poème d'Ebert, dans l'article déjà cité « Utraquismus als poetisches Programm » : il s'y attache à décrire l'idéologie de *Wlasta*, c'est-à-dire la détermination politique de la poétique et du style de son auteur. Schmitz relève dans le poème une bipolarité qu'il faut selon lui rapporter aux tensions nationales dans l'espace bohême. Ebert lui-même, dans sa notice, accorde au contraste une valeur poétique particulière. Au sujet de la mythologie slave, il écrit notamment : « *In diesem Wiederstreite liegt so viel Poetisches* »[166]. On peut relever à ce sujet que la première figure de contraste qui intervient dans l'œuvre est bien celle de la jeune fille en armes : « *Dort schreiten blüh'nde Mägde, bedekt mit hartem Stahl* »[167]. Schmitz note avant tout l'omniprésence des contrastes de l'ombre et de la lumière, qui s'opposent jusque dans le visage de l'héroïne : « *So stritten Glanz und Dunkel in ihrem Angesicht* »[168]. La même rhétorique de l'ombre et de la lumière est observable chez Palacký dans son *Histoire tchèque*, dont Ebert avait lu les épreuves et dont il avait corrigé le style. Nous n'entendons pas montrer par là une influence du poète sur l'œuvre de l'historien, mais souligner que les mêmes *topoï* littéraires coïncident avec une pensée similaire des antagonismes historiques.

Un autre exemple du caractère politique de ces antithèses est l'emploi de l'imagerie et de la rhétorique révolutionnaires, qui gardent toujours un caractère ambivalent dans la littérature centre-européenne du premier dix-neuvième siècle, comme a pu le souligner Julia Neissl au sujet des « *aus Nacht und Hölle entsprungenen französischen Revolutionsharpyien* » stigmatisées à l'époque par Edmund Burke[169]. L'épisode de la défaite de Motol est ainsi l'occasion de montrer les « harpyes » tchèques « *in toller Wut* »[170], marchant dans le sang des vassaux (« *Knecht* ») pour prendre possession des trésors accumulés par la noblesse. Dans « Der Grundstein », Děvín est symboliquement fondé sur la tête de Motol décapité, qui plus est « *im angesichts des Höflings* »[171], soit comme une critique de l'ancien régime. Le château du suzerain s'élève en face comme un symbole de la féodalité :

> Und auf dem Felsenhange ragt kühn die Burg Libin
> Mit ihrem mächt'gen Zimsen weit in die Lüfte hin,
> Unt streckt die dunkeln Mauern wie lange Riesenglieder
> Vom zackigen Gesteine bis nah zum Fluß hernieder.[172]

---

[166] *Ibid.,* p. 313.
[167] *Ibid.,* I, « Eingang », p. 5.
[168] *Ibid.,* I, « Der Gottesspruch », p. 8.
[169] Cité dans *«Anmutige Kriegerin und warmherzige Regentin », op. cit.,* p. 38.
[170] *Wlasta, op. cit.,* I, « Burg Motol », p. 62.
[171] *Ibid.,* I, « Der Grundstein », p. 74.
[172] *Ibid.,* I, « Der Grundstein », p. 74.

L'attitude révolutionnaire est aussi visible dans le discours de libération de Vlasta. Il est étonnant de la voir reprendre pour son sexe la même image que Fantasio chez Musset pour sa génération, à savoir celui de l'aigle avec les ailes coupées :

> Daß wir in Schmach und Elend der Sklaven Fessel tragen,
> Daß wir den Adlern gleichen mit kurzverschnitt'nen Flügeln.[173]

Chez Vlasta domine une nostalgie de l'épopée parallèle à la nostalgie des « enfants du siècle » vis-à-vis de l'épopée révolutionnaire. Dans le poème « Die Verantwortung », elle défend la nécessité des troubles révolutionnaires :

> Denn Heil gedeiht durch Unheil, und Leben wird aus Tod,
> So wie der Tag, der glodne, aus blutj'gen Morgenroth.[174]

Elle ne trouve pas cette libération dans l'amour, comme ç'aurait pu être le cas dans une littérature romantique. « *Der Kampf speist sich aus verweigerten 'Liebe'*, précise Schmitz, *und zwar der Liebe Wlastas zu Primislaus. 'Liebe' allerdings ist hier nicht wie seit der Romantik das Vereinigungsziel der Gegensätze, sondern vorerst nu rein Medium für die Steigerung der 'Kraft' [...]. Nicht allein Schönheit und Größe zeichnen dieses Land aus, sondern vorzüglich die 'Kraft' – ein Leitwort des Epos – ist Böhmens Eigenart : 'Sei, Böheim, Land der Stärke im Liede mir verehrt !'* »[175] La *force* apparaît donc comme une valeur patriotique : c'est-à-dire, pour l'utraquiste Ebert, un dépassement des antagonismes nationaux, lesquels ne sauraient en aucun cas remettre en cause cette valeur, « *denn nimmer kann vernichten ein Gott die ächte Kraft* ». Si cette notion prêtait sans peine à une relecture nationaliste, elle demeure tributaire dans le contexte bohémiste d'une définition politique et non ethnique de la nation : la femme guerrière qui en est la personnification est en elle-même porteuse du projet de dépassement des clivages ethniques qui est celui du bohémisme.

Un déménagement littéraire : Libussa am Mississipi *de Josef Jiří Kolař.*

La nouvelle de l'acteur, écrivain et dramaturge tchèque Josef Jiří Kolař *Libussa am Mississipi* a été publiée en allemand dans le premier numéro de l'almanach de Josef Alois Klar (1763-1833) *Libussa*, en 1842. L'éditeur de l'almanach ne donne aucune explication sur le choix du

---

[173] *Ibid.,* I, « Der Verschluß », p. 15. Chez Musset : « L'éternité est une grande aire, d'où tous les siècles, comme de jeunes aiglons, se sont envolés tour à tour pour traverser le ciel et disparaître ; le nôtre est arrivé à son tour au bord du nid ; mais on lui a coupé les ailes, et il attend la mort en regardant l'espace dans lequel il ne peut s'élancer. »
[174] *Wlasta, op. cit.,* II, « Die Verantwortung », p. 173.
[175] « Utraquismus als poetisches Programm », *op. cit.,* p. 180.

titre de sa publication, ce dont on peut inférer que le patronage de Libuše semblait désormais évident pour un organe littéraire patriotique en Bohême ; de même, le texte de Kolař est le seul de ce numéro qui porte sur le sujet. *« N'est-il pas étrange, relève en 1844 un article de la revue littéraire allemande* Die Grenzboten *[à propos de l'almanach], que ce soit justement la princesse légendaire tchèque qui place sous un halo prophétique une littérature allemande à Prague, une vie intellectuelle allemande en Bohême ? Veut-elle indiquer par là que la germanisation est remontée jusqu'aux sources du monde tchèque ? Que la culture allemande ne teinte les monuments noircis du passé antique que comme une aurore ou un crépuscule aux couleurs rosées ? Ou bien proclame-t-elle la paix éternelle, l'imbrication fraternelle entre l'esprit allemand et l'esprit slave ? En réalité, cette Libussa représentera pour les plus sagaces le double être [*Doppelwesen*] de la Bohême : l'un, rêveur et mélancolique, regarde vers l'obscur passé slave, l'autre, éveillé et conscient, est concentré sur le présent allemand.»*[176]

A l'appui de cette citation, on peut d'une part établir avec Hélène Leclerc que la visionnaire Libuše, ainsi que le choix de reverser les bénéfices de l'entreprise pour l'aide aux aveugles, représentaient symboliquement la politique *éclairée* de l'éditeur, qui assimilait dès lors au bohémisme le cosmopolitisme des Lumières dont il revendiquait ainsi le programme ; d'autre part, l'article témoigne aussi d'une radicalisation de l'opposition des Slaves et des Allemands en Bohême, puisque le projet de Klar est analysé dans les termes d'une « germanisation » (soit d'une acculturation allemande) qui triomphe à la fin de la citation, en dépit de l'apologie d'une « fraternité » germano-slave. Il paraît clair, pour l'auteur de l'article, que Libuše est, comme symbole national tchèque, une expression de la domination allemande. Alors qu'au début du siècle, Brentano considérait encore la fondatrice de Prague comme un symbole de l'éveil des nations slaves (de manière ambivalente, on l'a vu), la transition qu'elle incarne est interprétée ici dans les termes de la germanisation et se prête à une vision allemande de la Bohême : *« comme tout territoire de transition [*Übergangsland*], pleine de contrastes violents, de fusions apparentes, d'abîmes cachés […] qui, comme tout ce qui est crépusculaire, ont également une dimension romantique. »*[177]

La revue *Die Grenzboten* expose clairement la lecture idéologique que l'on pouvait donner du bohémisme dont *Libussa* voulait se faire l'organe. Après tout, le troisième numéro que recense l'article que cite Hélène Leclerc comporte aussi bien une traduction par Siegfried Kapper du célèbre poème *Mai* (« *Máj* »), du romantique tchèque Karel Hynek Mácha (1810-1836), que l'ouverture de la pièce d'Uffo Horn (1817-1860) *König Ottakar*, qui se voulait une réponse au drame de Franz Grillparzer *Königs Ottakar Glück und Ende*, lequel avait fait scandale dans les milieux tchèques ;

---

[176] *Une littérature entre deux peuples, op. cit.*, p.65.
[177] Cité dans *Une littérature entre deux peuples, op. cit.*, p. 65. Nous soulignons le terme de « romantique ».

on y compte aussi *Mila,* un cycle de sonnets de Carl Egon Ebert, qui publiait fréquemment dans la revue de Klar. *Libussa* constitue donc bien un organe important de la littérature bohême de langue allemande à partir des années 1840 et les auteurs qui y contribuent appliquent *de facto* le programme patriotique qui est le sien. On peut se demander si *Libussa am Mississipi* ne représente pas en effet le caractère « rêveur et mélancolique » de la Bohême slave, dans la mesure où le rêve américain y constitue un espace utopique où des colons peuvent refonder la nation tchèque : reste que la nouvelle est un exemple représentatif d'une littérature écrite entre la culture allemande et le « printemps » tchèque, puisque l'auteur en publie une version tchèque en 1854, *Libuše v Americe* [Libuše en Amérique][178].

Comme le titre l'indique, la nouvelle applique les motifs des mythes fondateurs tchèques au contexte des colonies américaines, lequel connaissait un succès croissant dans la littérature d'aventure des années 1840, dominée en Europe centrale par l'écrivain autrichien Charles Sealsfield (auteur de littérature de voyage, 1793-1864). Kolař imagine de refonder la Bohême aux Etats-Unis, pour s'affranchir de l'actuel régime politique européen. Dans le roman, le représentant de cette idée, le riche entrepreneur tchèque Klen, est précipité du clocher de la cathédrale de Prague, alors qu'il essayait en vain de gagner ses compatriotes à son projet : sur sa tombe, sa fille Molly jure de réaliser les idées généreuses de son père. Quelques années plus tard, en 1797, elle gère une plantation sur le Mississipi, entourée d'une communauté tchèque qui vit en paix avec les Hurons voisins. On surnomme alors la jeune femme « Libussa ». Le domestique noir Pitok qui, comme on l'apprend alors, avait tué Klen, assassine le chef de tribu Uttascharoo et en accuse les colons blancs : une guerre entre les deux peuples menace, qui ne saurait être évitée que par un duel entre le fils du chef indien, Peterlascharoo, et Molly-Libussa. L'Indien et l'Amazone s'entretuent, suite à quoi les Indiens massacrent les colons.

L'intrigue ne tient pas debout, notamment parce que les motifs de la haine de Pitok sont confus. Son amour impossible pour l'amie de Molly, Milada, nourrit son ressentiment : mais ce n'est pas assez pour expliquer le meurtre de Klen ou le massacre de toute la communauté tchèque, à la suite duquel il part servir dans les armées de Toussaint-Louverture et devient général ; on apprend alors qu'il espérait hériter de la fortune de Klen pour l'employer au service de l'émancipation des Noirs, mais cet espoir paraît lui-même bien peu fondé. La onzième et dernière section de la nouvelle commence ainsi par une citation de Mirabeau en exergue : « Messieurs ! Donnez la liberté aux Noirs ! »[179] Kolař fait de son personnage une nouvelle figure de l'émancipation, le caractérisant par le mot de « *Negerstolz* »[180]. Le personnage, « *ein höhnisches*

---

[178] Voir bibliographie. La nouvelle comporte une soixantaine de pages et onze sections : elle ouvre l'almanach.
[179] KOLLAR, Georg Josef (ou KOLAŘ, Josef Jiří), « Libussa am Mississipi », in Aloys Klar (éd.) *Libussa*, [Prague, 1842], I, p. 67. Citation en français dans le texte.
[180] *Ibid.,* p. 21.

Negergesicht »[181], témoigne néanmoins d'un racisme croissant dans la littérature de l'époque : comme chez Sealsfield, son amour ne saurait être qu'une *« erotische Leidenschaft »*[182] et irait dans le roman jusqu'au viol, si Milada ne se suicidait pas à temps. Dans le contexte des réécritures des légendes tchèques, le « nègre » a un rôle équivalent à celui de la sorcière dans le destin de Vlasta : il assume la destruction de l'idéal.

La nouvelle de Kolař rappelle un peu le conte de Musäus par l'éclectisme des motifs, jusque dans le *« Frau Libussa »*[183] avec lequel les colons s'adressent à Molly. En exergue de ses sections, l'auteur cite Hugo, La Rochefoucauld, Shakespeare, Fichte, Horace, Mirabeau, ainsi que *« der wahnsinnige Medardus »*, nom d'un personnage d'E. T. A. Hoffmann sous lequel Kolař avait publié quelques textes : on peut constater, ici déjà, l'influence du romantisme dans l'écriture du novelliste. Le détournement des motifs permet des allusions libres à l'histoire tchèque : ainsi le nom de Klen est emprunté à Hájek. Le cheval de Libussa s'appelle Šemík, selon le nom du cheval légendaire de Horymír dans un épisode plus tardif des chroniques tchèques : le poème de Herder « Der Roß auf der Berge » nous apprenait incidemment que Šemík était en effet le cheval magique de la reine Libuše. Mais surtout, la transposition de la Bohême en Amérique permet un double exotisme, à savoir l'exotisme américain et l'exotisme tchèque : les mœurs des Indiens sont en effet commentés à l'aide de notes de bas de page, de même que certaines traditions tchèques, comme le dicton traduit par *« es segeln keine Bratwürte »* : *« klobásy neljtagj po Cechách, koštal za groš »*[184].

Cet éclectisme est ici la marque d'un univers fantasmé : les *« romantische Phantasmagorien »*[185] sont les conditions, non seulement du détournement littéraire, mais même d'un point de vue narratif, de la constitution de la colonie *« Nowá Čechie »* [Nouvelle Bohême] : *« in so starkem Grade, daß sie die Fiktionen aus Hajek's böhmischer Chronik von ihrem Vater mit eben so viele Stausinn und Fantasie versocht, als die historische Wahrheit selbst »*[186] et plus loin, ce programme de l'émancipation tchèque : *« historische Erinnerungen, Phantasmagorien, tüchtige Fäuste, und eine treffliche Verdauung, das waren die Elemente, aus denen dieser Herkulisches Embryo des künftigen Staates bestand »*[187]. Libussa, nous est-il dit, porte *« die Idealisationsbrille der Fantasie »*[188], selon une image reprise au *Labyrinthe du monde* de Comenius (penseur humaniste, 1592-1670), que l'auteur cite quelques lignes plus loin : c'est bien sûr aussi une allusion à la visionnaire Libuše et un motif central du premier romantisme, chez Brentano et chez Kleist

---

[181] *Ibid.*, p. 1.
[182] *Ibid.*, p. 21.
[183] *Ibid.*, p. 15.
[184] *Ibid.*, p. 2.
[185] *Ibid.*, p. 16.
[186] *Ibid.*, p. 17.
[187] *Ibid.*, p. 31.
[188] *Ibid.*, p. 6. L'image des « lunettes de la fantaisie » était devenue, depuis les années 1830 et les textes de J. J. Langer (auteur satirique, 1806-1846), un des emblèmes des écrits fantaisistes tchèques.

notamment. Le mot-clef de « fantaisie » trahit un style romantique qui culmine dans la scène fondatrice du serment sur la tombe de Klen : « *Dann geschah es, daß eine blaße Lilie sich niedersenkte auf den sandigen, vertrockneten Todeshügel, und daß sie ihn befeuchtete mit Myriaden von Thautropfen. Die zarte Lilie an Klen's Grabe war Molly, seine Tochter, die Myriaden von Thautropfen ihre Thräner.* »[189]

Ce style romantique est tout ce qui reste des facultés visionnaires de Libuše, au point de tendre parfois à la pose : « *'Und jeßt spricht auch mein Manitou, und ich fürchte, er spricht wahr', ergänzte Libussa in finstrer Träumerei.* »[190] Avec le nom de Libuše, c'est désormais avant tout la fondatrice de la nation que l'on entend honorer. Par exemple, le rêve américain est pour l'auteur l'occasion de faire parler à ses personnages un tchèque pur qui était encore l'enjeu des éveilleurs nationaux autour de 1840 : « *Alle Damen in Böhmen haben seit zwei Jahrhunderten nicht so viel czechisch, und zwar so gut czechisch gesprochen, als Molly mit ihrem Vater in Amerika durch ein Dezennium.* »[191] Il est donc significatif que Kolař ait traduit la nouvelle après 1848. L'original publié dans *Libussa* montrait en fait l'échec de l'émancipation slave : même Dolin, l'époux de Molly, est un Polonais qui a émigré après la première tripartition son pays. Les peuples indiens et noirs participent aussi de ce drame de l'émancipation, mais sur des modes plus exotiques et, dans le dernier cas, plus ambigus. Pitok veut racheter la liberté des Noirs avec l'argent de Klen, au moment même où la République française abolit l'esclavage : le massacre de toute la colonie tchèque s'avère vain.

Si « Libussa » n'est que le nom de la construction nationale, Molly est en revanche décrite avec les traits d'une Vlasta, laquelle n'est jamais mentionnée dans la nouvelle : avec son « *größer starker Körper* »[192], l'héroïne est pourtant très similaire à la guerrière tchèque, telle qu'elle est habituellement représentée à l'époque. L'auteur préfère la comparer à Diane : « *wie gleich sie Diana, dem Urbild mannhafter Weiberschöne !* »[193] et ne tarde pas à la mettre ainsi en scène : « *Molly-Libussa sah wahrhaftig fabelhaft schön aus, wie eine Amazone.* »[194] L'image est encore renforcée dans la scène finale du combat singulier avec Peterlasharoo, qui sont l'occasion de

---

[189] *Ibid.,* p. 4.
[190] *Ibid.,* p. 39.
[191] *Ibid.,* p. 17.
[192] *Ibid.,* p. 16. Que la Libussa de Kolař soit brune (« *schwarzgelockte Haar* », p. 16) suffit à montrer qu'elle a en réalité les traits de Vlasta. Dans toutes les œuvres étudiées ici le précisent, Libuše est blonde : par opposition, Vlasta a en général les cheveux bruns ou plus volontiers noirs, ainsi chez Woltmann, Brentano, Van der Velde et Ebert (sinon ce n'est pas précisé, sauf chez Theodor Mundt dont nous reparlerons).
[193] *Ibid.,* p. 16. Un autre canon de beauté féminine est incarné par Milada : « *In ihren blauen Augen und in den sanften Zügen ihres Geschichtes lag jene Mischung himmlischer Anmuth und irdischer Frivolität, welche an einigen Madonnen des Raphaelischen Pinsels angetroffen wird* » (p. 35). Que l'on compare avec la beauté tchèque que rencontre le narrateur du roman de Theodor Mundt *Madonna* : « *Und wie ähnlich sah sie der von Rafael gemalten Madonna del Giardino* » (*Madonna, op. cit.,* p.90). L'érotisme mêlé de mystique évoqué par Kolař est en général très proche de la « frivole Mystik » (*ibid.,* p. 297) qui caractérise chez Mundt les femmes tchèques.
[194] *Libussa am Mississipi, op.cit.,* p. 36.

souligner l'inévitable paradoxe des légendes tchèques : « *Ein Weib ist ihr Häuptling* »[195], « *und dieser Krieger ist ein Weib* »[196]. L'union dans la mort de l'Amazone tchèque et de l'Indien, qui incarne dans la littérature de l'époque un idéal de virilité non corrompue, souligne le caractère érotique d'une telle représentation : « *der Häuptling hält die Bewunderte, die Geliebte, an seinem Herzen* »[197]. La stylisation de Molly en Vlasta est donc manifestement de l'ordre du fantasme, de même que l'idée d'une Bohême américaine qu'elle incarne est de l'ordre de la fantasmagorie ou de la fiction. A ce titre, précisément, elle apparaît comme une figure de l'idée tchèque dans un contexte idéologique encore allemand.

---

[195] *Ibid.*, p. 46.
[196] *Ibid.*, p. 62.
[197] *Ibid.*, p. 63.

LA DECONSTRUCTION DU MYTHE

Lysistrata en Bohême : Děvín *de Šebestian Hněvkovský.*

Nous envisagerons dans ce chapitre trois œuvres susceptibles de constituer des contre-modèles aux formes de féminité « nationale » développées jusqu'ici. Le poème de Šebestian Hněvkovský (auteur satirique et romantique, 1770-1847) *Děvín* se démarque du mythe fondateur tel que nous l'avons vu se construire dans la première moitié du XIX° siècle sur deux points. Ecrit à partir de 1795, il est d'abord, par sa date de publication (1805), bien antérieur au tournant romantique pris avec l'œuvre de Brentano comme, en général, avec l'essor de l'éveil national tchèque : Hněvkovský appartient ainsi à la toute première génération des éveilleurs. Ensuite, il est exemplaire du traitement satirique et parodique que l'on pouvait donner du sujet. Dalibor Tureček caractérise le texte comme suit : « *Hněvkovský se situe à la frontière de l'humour et du travestissement trivial. Dans sa version, les Amazones peuvent présenter l'aspect de boutiquières qui se crêpent le chignon ou de commères de palier, tandis que les combattants du côté des hommes peuvent être des 'jolis cœurs' parfumés de Prague qui attachent à leur étendard, à la place des rubans tchèques, les jarretelles des femmes [...]. Il reprenait manifestement la tradition littéraire de l'épopée burlesque, répandue à son époque par Wieland notamment.* »[198]

De cette description, nous retenons les motifs farcesques que l'on pouvait trouver dans la légende et que n'a d'ailleurs pas ignoré Brentano dans sa représentation de la révolte des femmes ; ainsi que les aspects typiquement tchèques, voire pragois du traitement du sujet, lesquels sont encore en 1805 intimement liés aux dimensions burlesques du texte. A en croire la préface de l'auteur, l'épopée héroïcomique (« *báseň směšnohrdinská* ») est la forme tchèque d'épopée nationale : « *Presque toutes les nations s'accordent sur l'idée que, pour juger de la richesse et de la culture d'un peuple, seule la quantité et l'excellence de ses écrits fondateurs et des chefs-d'œuvre de sa littérature est digne d'un verdict favorable et bienveillant ; et qu'il faut tenir un peuple qui ne peut pas s'honorer d'œuvres et d'écrits profonds pour arriéré, stupide et sans esprit.* »[199] Le poète

---

[198] « Amazonky na hranici humoru a travestie», *op. cit.*, p. 37 : « *Hněvkovský naproti tomu pohybuje se na hraně humoru a nevybíravé travestie. Amazonky v jeho podání mohou nabývat i podobu svárlivých hokyň a pavlačových půtkařek, kdežto mužští bojovníci mohou být i navoněnými pražskými 'švihlíky', uvazujícími na svůj prapor místo českých stuh ženské podvazky [...]. Navázal zřetelně na žánrovou tradici burleskního eposu, rozvijenou v jeho době zejména Wielandem.* »

[199] HNĚVKOVSKÝ, Šebestian, *Děwjn : báseň směssnohrdinská w dwanácti zpěwjch*, František Jeřábek, Prague 1805, p. i : « *Wssickni téměř národowé w způsobu zmeyssleni se srownáwagi, že o schopnosti a wzděláni některéHo národu saudice, gediné z množstwi a wýbornosti geho půwodnjch spisů a mistrných prací dobrý a laskawý saud o něm pronássegj ; ten pak národ, an se pracemi a spisy důwtipnými honosyti nemůže, wůbec za prostý, tupý, a ducha prázdný magj.* »

conclut en ouverture de son douzième et dernier chant par un verdict moins sévère sur la modestie de son épopée nationale :

Et parce que le peuple tchèque est petit,
Le chant le plus court sera le plus joli.[200]

Il demeure difficile en 1805 de déterminer dans quelle mesure Hněvkovský raille le patriotisme tchèque, ou dans quelle mesure la satire est forme du discours national : ainsi quand il demande à Šemík, « Pégase tchèque », de ne pas porter le poète trop haut, de peur que les Tchèques ne l'entendent plus.

La publication d'une nouvelle version de *Děvín* en 1829 témoigne de l'évolution de la situation tchèque et, dans une large mesure, de l'obsolescence de l'épopée héroïcomique originale : par l'invention des manuscrits et la constitution progressive d'une littérature nationale, l'avant-propos de Hněvkovský est devenu erroné, en une vingtaine d'années. Le deuxième texte n'est plus intitulé « épopée héroïcomique », mais « épopée romantico-héroïque » : le changement de titre est significatif, en réalité, des dimensions patriotiques de l'œuvre. Dans la mesure où Hněvkovský ne corrige pas seulement, mais réécrit l'œuvre selon le nouveau programme de l'éveil national, les deux versions mériteraient une comparaison plus approfondie que nous n'avons la place de le faire ici : nous nous contenterons de nous référer ponctuellement au texte de 1829 qui constitue, d'une part une conformation aux canons et aux modèles définis par l'éveil national ; et d'autre part, une explicitation des intentions patriotiques qui pouvaient déjà être contenues dans le texte de 1805 (auquel cas il apporte un pendant « sérieux » à la critique satirique initiale).

Il n'est qu'à voir le récit qui est donné des sept années de guerre dans la première version pour prendre la mesure de l'irrévérence de Hněvkovský vis-à-vis des légendes tchèques, avant qu'elles ne soient devenues mythe national. Le premier chant rapporte brièvement qu'après quelques altercations à la mort de Libuše, les hommes ont vécu avec satisfaction sous le gouvernement modéré des femmes, que la forteresse de Děvín les rendait symboliquement inaccessibles, soit plus désirables. Après sept ans de ce régime, Přemysl se laisse dire que la situation est ridicule et décide d'en finir, en appelant tous les hommes à aller se choisir une femme à Děvín : cela provoque un branle-bas de combat général. A la fin, Vlasta défait les troupes de Přemysl et les deux partis arrivent à un armistice, où les femmes reconnaissent aux hommes une autorité *théorique*, afin d'avoir la paix. L'*epos* est une suite de combats décousue ; pour autant, les batailles y ont une place beaucoup plus importante que dans les autres textes considérés. Les destins individuels de nombreux personnages y sont décrits et se résolvent à la fin du poème dans l'idylle

---

[200] *Ibid.*, II, chant 12, p. 128 : « *Že gest malý genom národ Český, / Pro něg také malé zpěw gen hezký.* »

générale, où Vlasta peut épouser son bien-aimé, dont on n'a appris l'existence qu'à la moitié de l'œuvre.

Quant aux modèles de la parodie, Tureček relève : « *La première version de* Děvín *(la deuxième est parue dans un arrangement romantique en 1829) présentait aussi de nombreux traits communs avec l'œuvre du Tasse et surtout elle reprenait le* Roland furieux *d'une manière qui ne saurait passer pour fortuite.* »[201] Dans les deux versions, le premier vers de cette « Vlasta furiosa » est un détournement du vers initial de *L'Enéide* de Virgile, où le héros masculin est remplacé par les femmes de Děvín : « *Je chante les jeunes filles, qui autrefois en terre tchèque* »…[202] Ce que Tureček appelle le « travestissement » est évidemment le premier ressort du comique dans cette épopée de femmes, bien que l'auteur s'en défende en alléguant le changement des mœurs :

> Leurs batailles vous paraîtront risibles,
> Pardi ! Si vous vous représentez les femmes d'aujourd'hui.[203]

L'épopée joue donc d'emblée sur les anachronismes dans les représentations. Par conséquent, hommes et femmes sont représentés selon les conventions satiriques de l'époque. Que les femmes gouvernent devient même une allégorie politique, dès lors que Hněvkovský reprend le stéréotype de leurs caprices et de leur inconstance :

> Hélas ! Comment s'assurer du genre féminin,
> Tout entier soumis aux changements les plus soudains ![204]

Cette satire s'en prend toutefois à tous sans distinction. Les hommes y sont volontiers représentés comme des ivrognes. Nous citons ici la querelle entre les seigneurs de Holešovice (Holessowice) et de Hloubětín (Hlaupětin) comme particulièrement représentative du comique que décrit Tureček et parce qu'elle convoque des motifs patriotiques canoniques. Par coïncidence, l'opposition des deux « héros » porte sur les mêmes questions juridiques que le manuscrit de Zelená hora : se disputant une femme prise pendant une bataille, l'un argue d'un droit égalitaire et propose donc le partage de la prise de guerre, tandis que l'autre lui oppose les droits de naissance, puisque la femme en question vient du même village que lui. Selon le dernier parti, toutes les reliques de toutes les époques de l'histoire tchèque se trouvent chez lui à Hloubětín. Sans se soucier des anachronismes, le plaidoyer cite le dieu slave Perun, le chevalier Bruncvík, le cheval Šemík et

---

[201] « Amazonky na hranici humoru a travestie », *op. cit.*, p. 37 : « *První verze 'Děvína' (druhá vyšla v romantizujíci úpravě roku 1829) také jevila nejeden shodný rys s dílem Tassovým a především navazovala způsobem, který nelze považovat za náhodný, na Ariostova 'Zuřivého Rolanda'.* »

[202] *Děwjn*, 1805, *op. cit.*, I, chant 1, p. 128 : « *Zpjwám o djwkách, gak někdy w zemi české* ».

[203] *Ibid.*, I, chant 1, p. 3 : « *Gegich bogowé wám budau směssnj, / Arcy – když sy představjte ženy dnessnj !* »

[204] *Ibid.*, II, chant 8, p. 5 : « *Ach, což wěřit ženě, / Poddána gest každá náhlé změně !* »

surtout le tilleul slave : « *Là, où vous honorez le tilleul sacré* »[205]. Réduits aux dimensions d'une querelle de clochers, les mythes slaves apparaissent comme un fatras hétéroclite. Les opposants recourent finalement au jugement de Dieu :

> Buvez en rivaux : que la fille appartienne
> A qui descendra le plus de chopes.[206]

Si l'ivrognerie est sexuée, on peut cependant avancer sur cet exemple que le thème d'une épopée tchèque est héroïcomique en soi, autant du moins que celui d'une guerre des femmes.

La satire offre alors paradoxalement l'opportunité d'un discours féministe, si le terme, en 1805, n'est pas anachronique. Les femmes de Děvín défendent l'égalité politique entre les sexes et il ne s'agit pas chez Hněvkovský d'une rébellion des femmes, mais des hommes. Le conseil de Vlasta n'admet finalement l'autorité masculine qu'à la condition de la reconnaissance des droits civiques acquis :

> Qu'ils laissent aux filles
> De choisir librement de se marier !
> Et que les femmes aient les mêmes droits que les hommes.[207]

Ces négociations de paix montrent combien les libertés que l'auteur satirique prend avec la légende prêtent à un discours original sur la femme et combien peu il se contente du motif répandu alors d'un « pouvoir dans l'alcôve » qu'allègue du reste la rusée Šárka. Vlasta, en revanche, critique la soumission politique de la femme dans le discours de l'amour :

> Quelles misérables créatures sommes-nous,
> Si l'amour tolère la contrainte?[208]

De même que la satire était aussi bien marque du discours patriotique que du conflit des sexes, le féminisme de Vlasta doit être considéré dans une perspective nationale. La question est

---

[205] *Ibid.*, II, chant 9, p. 65 : « *Tam, co w uctiwosti máte swatau ljpu.* »
[206] *Ibid.*, II, chant 9, p. 69 : « *Pjte o záwod, ať tomu patřj panna, / Kdo wic postaupj z wás korbelů.* » Hněvkovský ne parle pas explicitement de bière, peut-être parce que les chroniques datent d'une période plus tardive l'apparition des vins et des bières en Bohême : la plupart des auteurs (Brentano, Van der Velde, Ebert, Mundt) font boire à leurs personnages de l'hydromel. *Děvín* ne s'embarrasse pourtant pas de tels scrupules historiques et le terme de « chope » (*korbel*) évoque très clairement la bière. – Que la bière soit un symbole national presque au même titre que le tilleul slave, la « palyngénésie tchèque » de Klen, dans *Libussa am Mississipi*, le montrera en effet, il revenait aussi en Bohême « *um wieder einmal böhmisches Bier zu trinken* » (*Libussa am Mississipi, op. cit.*, p. 2). Inutile de préciser que le contexte n'avait rien de satirique ni d'ironique : il s'agit davantage d'un trait de couleur locale.
[207] *Děvín*, 1805, *op. cit.*, II, chant 12, p. 174 : « *Gen ať zanechagi panně / K zasnaubenj dobrowolné wolenj ! / Ať též steyna práwa s mužj magi ženy* ».
[208] *Ibid.*, I, chant 2, p. 56 : « *Gaká máme býti bjdná stwořenj, / Zdaliž láska snese nucenj ?* »

explicitement formulée par l'émissaire de Premysl Čugislaw qui oppose, selon le modèle que nous avons pu constater chez tous les auteurs qui traitent du sujet, agitations féministes et sentiments patriotiques. Ce faisant, il paraît faire peu de cas de l'héroïsme tchèque :

> Comment pouvez-vous vous vanter
> D'opprimer sans cesse la nation par vos crimes ?
> Car plus facilement pourront les Allemands
> Ou bien d'autres étrangers
> Nous soumettre. Aimez-vous donc si peu votre patrie ?[209]

Non seulement Vlasta proteste de son patriotisme : « *nous sommes à même de prendre les armes pour la patrie !* »[210], mais elle l'associe à la lutte des femmes pour la liberté civique. Autrement dit, Slaves et femmes sont dans une même situation d'esclavage. De ce point de vue, il paraît clair que Brentano, alors qu'il réclamait le règne de « *Libussa über alle Slawen hoch* », ne pouvait pas tenir un même discours sur le personnage de Vlasta et sur le joug allemand. La deuxième version de *Děvín* renforce encore le caractère patriotique de l'engagement de Vlasta contre l'« *obsolète esclavage des femmes* »[211], notamment lorsque Hromka (Domka, dans la première version) raconte toute la geste à un allié russe qui s'étonne, précisément, de l'empire des femmes en Bohême. L'égalité des hommes et des femmes y est décrite comme le fondement de la nation : « *et la patrie est florissante* »[212]. Davantage, Hromka recourt aux arguments des Lumières pour légitimer un tel statut de la femme et met de nouveau la Bohême en concurrence avec ses voisins européens, mais dans des termes qui ne sont plus ceux de Čugislaw :

> Tout peuple grossier, qui ne progresse pas
> Dans la culture, sert de proie
> A un plus entreprenant.[213]

Appelée « *rekyně* » (héroïne) ou encore, dans la deuxième version, « *kněžna* » (princesse), Vlasta apparaît dès lors comme un héros à part entière. Sinon les quelques médisances de Domka qui caricaturent la représentation canonique du personnage[214], elle ne fait jamais l'objet de la satire de l'auteur.

---

[209] *Ibid.*, I, chant 2, p. 52 : « *Gak se můžete tjm chlubit, / Že wlast wraždami gen stenčugete ? / Neboť snadněgi sy budau Němcy / Též y ginj cyzozemcy / Podrobit nás. Což swau wlast tak málo milugete ?* »

[210] *Ibid.*, I, chant 2, p. 57 : « *A my schopny gsme chopit pro wlast zbraně !* »

[211] *Děvín*, 1829, *op. cit.*, I, chant 2, p. 37 : « *zastaralé ženstvá otročení* ».

[212] *Ibid.*, I, chant 2, p. 38 : « *rozkvétá vlast.* »

[213] *Ibid.*, I, chant 2, p. 48 : « *Každý tupý národ, který ve vzdělání / Nekráčí dál, ke kořisti slouží / Čilejšímu.* »

[214] Domka la décrit ainsi : de taille moyenne, les épaules et la poitrine trop fortes (*Děvín*, 1805, *op. cit.*, I, chant 4, p. 134 : « *nepřjlissné weyssky [...], / Prsatá, a rameniá* »). Que le canon de beauté ne soit pas le même ici et dans les

Sous le règne de Libussa, elle prouvait sa valeur dans des tournois (contre les hommes) à la manière des héros de romans médiévaux. Elle est élevée au rang de héros épique par des comparaisons homériques « sérieuses » :

> De même qu'une rivière rapide qui déborde
> Lorsque la fonte des neiges gonfle ses flots,
> Quitte ses rives initiales,
> Prend un cours effréné
> Qui se nourrit de rocs, d'arbres, de maisons :
> Ainsi Vlasta se frayait un chemin à coups d'épée
> A travers les rangées, vers Samoslav.[215]

Elle apparaît ainsi comme un personnage héroïque, non seulement dans le jugement que ses compagnes portent sur elle, ou encore dans le jugement toujours suspect d'ironie du narrateur, mais aussi dans le traitement littéraire qui est donné d'elle. Une marque de cette mise à l'honneur du personnage de Vlasta est son assimilation univoque à la figure fondatrice de Libuše : toutes deux sont qualifiées de « divines » (*božská*). Par un retournement humoristique du témoignage des chroniques, c'est finalement Přemysl qui propose le mariage au vainqueur Vlasta :

> « Soyez la Libuše tchèque,
> Car cet honneur vous revient à bon droit. »
> Être ce que Libuše avait été, quelle joie ![216]

Elle refuse. Pour lui garantir néanmoins ce titre de nouvelle Libuše, Hněvkovský reporte la responsabilité des lois cruelles que les chroniqueurs lui attribuent à la régence, voire à la dictature de la radicale Pětisyla (Putysyla), qui exerce temporairement le pouvoir en son nom, alors qu'elle-

---

representations allemandes de la femme slave, la description de la belle Krásoběla le montre : « *Mince et de taille moyenne, / Elle avait cependant des rougeurs charmantes, / Des yeux bleus pleins d'une aimable sauvagerie, / Elle était l'incarnation du plus grand charme ! [...] Qui voudrait s'imaginer ne serait-ce qu'un tantinet sa beauté, / Qu'il porte ses regards sur les jeunes filles de notre époque, / Qui rendent fous plus de cent cavaliers !* » (*ibid.*, I, chant 1, p. 31 : « *Sstihlá nepřilissné welikosti, / Byla přitom libě čerwená, / Modré oči plné diwokosti, / Ljbost mocná byla zcela wtělená ! [...] Kdo sy krásu gegj chce gen drobet představowat, / Na djwky patř w nassem wěku, / Po kterých se třesstj na sta řeků.* »*) Les derniers précisent le caractère tchèque d'une telle beauté.

[215] *Ibid.*, I, chant 4, p. 130 : « *Gako řeka prudká, rozwodněná, / Přjwaly vod welikými sněhy / Opausstj swé staré břehy, / Nowý tok sy dělá, ničjm neskrocená, / Bere mocý skály, stromy, chalupy : / Takto Wlasta mečem čepauc zástupy / K Samoslawowi sy cestu [propletla], / Na něg mečem dorazyla.* »

[216] *Ibid.*, II, chant 11, p. 146 : « « *Máte býti Českau Libussi, / Neb Wám ta čest se wssjm práwem přjslussj.* » / *Být co ona, gegich utěssenj !* » Dans la version de 1829, Hněvkovský marque le transfert de légitimité par une scène empruntée à Brentano, mais qu'il a pu trouver telle quelle dans l'ouvrage *Geschichte Böhmens in lithographisch ausgeführten Blättern / Děginy České : w kamenopisně wywedených obrazech* (1824), de Hanka (voir bibliographie) : lors d'une chasse, Libuše est attaquée par des Huns et secourue par une jeune femme, à laquelle elle donne alors le nom de Vlastislava, « la gloire de la nation ».

même, tourmentée par ses sentiments amoureux, a déposé sa charge à la fin du chant six, avant de revenir pour la victoire finale.

Or, même l'amour de Vlasta reproduit l'amour de Libuše. Comme le laboureur, le chevalier dont elle est éprise incarne l'idylle de campagne :

> Je hais les hautes forteresses,
> Je hais les dangereux honneurs !
> Je trouve mon bonheur dans les humbles demeures,
> Que n'habitent pas l'intrigue et la disgrâce.
> Ah, Vlasta ! Bienheureuse solitude ![217]

Davantage, le nom de son bien aimé, Přemil (« le très-aimable »), établit par paronomase un parallèle avec le prétendant qu'elle a éconduit, mais le passage de la vertu politique de prévoyance à la notion d'amour est significatif : on observe dans ce motif amoureux secondaire par rapport à l'action épique, moins une psychologisation du personnage, qu'un détournement notable de la geste légendaire. Vlasta n'est pas le seul représentant de la romance dans le poème : son couple répond aussi au couple fictif des jeunes promis Kasal et de Běla[218], mais ne présente pas dans son traitement les mêmes traits satiriques. L'ironie n'est en effet que trop lisible, lorsque l'auteur présente Kasal et Běla comme exemplaires, certes ; mais exemplaires d'une morale pour jeunes filles modèles :

> Pardonnez-moi, jeunes filles très aimables […],
> Si j'en venais à vous irriter, vous et les hommes,
> Et si ce sont d'autres jeunes filles que je ne cesse de célébrer,
> Disant peu pour votre louange ou pour celle des hommes ;
> Je corrigerai tout cela dans le chant qui suit.[219]

C'est évidemment un anachronisme de plus et ce contre-exemple suffit à établir par contraste l'exemplarité de l'amour de Vlasta. Les personnages de Děvín sont donc, conformément à la tradition satirique, des *caractères* qui incarnent des attitudes morales ou des idées politiques diverses.

Il faut dès lors prendre au sérieux les remarques de style qui ouvrent la préface, si plaisantes soient-elles : « *J'ai rapporté ici les batailles des femmes sur un registre tantôt grave et épique,*

---

[217] *Ibid.*, II, chant 9, p. 87 : « *Nenáwidjm powýssených hradů, / Nenáwidjm nebezpečné cti ! / Za blaženost njzká sýdla kladu, / Prázdná neprjzné a lstj. / Ach, ó Wlasto ! / Přeblažená samota!* »

[218] Chez Hněvkovský, Běla est la fille de Kazi : elle porte donc le nom que Musäus donne à sa mère (Bela).

[219] *Ibid.*, I, chant 7, p. 191 : « *Odpusťte mi, djwky přezdwořilé […], / Žebych muže y wás popudit moh k hněwu, / Že gen giné djwky chwáljm neustále, / Málo gewě k wassi, též y k mužské chwálé ; / Naprawjm to wssecko w tomto zpěwu.* »

tantôt comique, tantôt romanesque, contrairement à l'exemple que nous donnent tous les grands écrivains (qui les mélangent tous les trois ensemble). »[220] Il faut faire la part de l'ironie dans cette déclaration, puisque Hněvkovský affirme aussi ne pas écrire dans un registre exclusivement sérieux, de peur qu'une guerre de femmes ne prête à rire ; ni dans un registre exclusivement comique, *« ce qui serait un outrage impardonnable à nos vénérables aïeules, voire au beau sexe dans son ensemble »*[221]. Reste que parmi les sujets « nationaux », la légende de Vlasta s'impose à l'auteur comme un sujet épique, autant qu'elle prête à des retournements burlesques, comme dans les vers qui mettent l'héroïne

> Au dessus d'Hector ; car les célèbres héros
> Décampaient devant elle comme des lapins. [222]

Ici, ce n'est pas Vlasta qui prête à rire. Il est caractéristique que l'auteur de 1805 la considère encore comme le personnage central d'une œuvre patriotique : non comme une *« figure comique centrale »*, qu'elle n'est devenue que plus tardivement, quitte même à être écartée par Klicpera et surtout par Tyl pour être *« trop liée aux théâtres de faubourgs viennois »*[223].

Que l'œuvre n'ait quasiment aucune fortune critique n'est pas indifférent, eu égard à son historicité : la réécriture de 1829 montrait déjà qu'une Vlasta emblématique du patriotisme tchèque était obsolète ; elle trouvait du reste dans le *Wlasta* d'Ebert, publié la même année, un modèle concurrent que nous avons commenté. Comme Brentano, Hněvkovský écrit en 1805 dans le contexte des guerres napoléoniennes, en quoi il anticipe dans une large mesure sur l'éveil national. Son œuvre, notamment la célébration finale de la paix, demeure tributaire du contexte historique. L'auteur décline dans les trois registres qu'il définit les thèmes de l'amour et de la guerre, aussi bien lorsqu'il s'exclame avec une naïveté ironique : *« Mais les guerres mettent la vie en danger ! »*[224], que par le motif classique de la guerre amoureuse :

> Avant que de cette guerre on pût rien pressentir,

---

[220] *Ibid.*, I, p.iii : *« Že gsem přjtomné djwčj boge djlem w hrdinském wážném, djlem w směssném, djlem w romantickém způsobu proti přikladu wssech básnjřů wznessených (smjchage wsse tré dohromady) sepsal. »*
[221] *Ibid.*, I, p. iii : *« byloby neprominutedlné ubljženj nassim wznesseným předkynjm, ba i celému krásnému pohlawj. »*
[222] *Ibid.*, I, chant 1, p. 26 : *« Nad Hektora ; neboť slawnj hrdinowé / Pádjwali před nj gako zagicowé. »*
[223] « Amazonky na hranici humoru a travestie », *op. cit.*, p. 37 : *« Tyl odstranil i ústřední komickou postavu Wlastla, příliš spjatou s víděňskými předměstskými scénami. »* Tureček mentionne cette évolution des farces sur le sujet des amazones en alléguant les détournements de la légende chez Klicpera (1792-1859), dont la pièce farcesque *Ženský boj* [La guerre des femmes] met en scène une guerre des femmes dans les Krkonoše du XIV° siècle ; et chez Tyl (auteur romantique sentimental, 1808-1856), dont la pièce *Nové Amazonky aneb Ženská vojna* [Les nouvelles amazones ou la guerre des femmes] abandonne toute allusion à Vlasta, en transfèrant les combats dans l'époque moderne.
[224] *Děvín*, 1805, *op. cit.*, II, chant 11, p. 143 : *« Wždyť pak wálky životu gsau nebezpečné ! »*

Partout on en voyait des signes avant-coureurs.[225]

Dans la mesure où le *Dĕvín* de 1805 décrit les horreurs de la guerre jusqu'au viol, on peut aussi présumer que l'humour de salle de garde qui y trouve sa place (notamment au début du sixième chant, qui s'ouvre sur des théâtres troupiers où les soldats se travestissent en femmes) n'était pas sans rappeler aux contemporains la soldatesque déployée en Bohême et dont Brentano avait lui aussi fait les frais[226]. Le thème de l'amour et *a fortiori* de la féminité aurait dans un tel contexte une fonction de contestation.

Vlasta à l'aube du féminisme : Madonna, Unterhaltungen mit einer Heiligen, *de Theodor Mundt.*

Le chapitre que l'auteur berlinois Theodor Mundt consacre à la guerre des femmes bohêmes dans son roman *Madonna* compte parmi les quatre textes qu'Udo Köster analyse dans son article « Frauenherrschaft, Zeitenwende », au sujet de l'articulation du mythe et de l'histoire dans la littérature du romantisme et du *Vormärz*. Le texte de Mundt y sert de contre-point quasi contemporain au poème d'Ebert, que Mundt cite du reste nommément comme sa source : dans la perspective de Köster, Mundt représente une politisation du sujet et par conséquent un parti pris d'historicité qui s'oppose au mythe romantique de Brentano, ainsi qu'à l'*epos* timoré d'Ebert. Si les affinités de Mundt avec le *junges Deutschland*, aussi bien que son engagement féministe étayent en effet cette thèse d'une Vlasta politique et féministe, il ne faut pas négliger que sa guerre des femmes de Bohême, sous le titre délibérément inspiré d'Aristophane « Bohemiconymphomachia », n'est qu'un épisode dans l'ensemble du roman. L'auteur consacre trois chapitres à Prague, dont deux font mention, l'un de Libuše et l'autre de Vlasta : en ne retenant de l'œuvre que ces deux personnages, nous sommes conscients d'en proposer une lecture partielle.

Le roman se présente comme un récit de voyage, visiblement inspiré du *Voyage en Italie* de Goethe, notamment par la forme du journal épistolaire. Le narrateur quitte précipitamment Dresde où il s'ennuie, pour voyager en Bohême : le roman commence alors qu'il franchit la frontière et se

---

[225] *Ibid.*, I, chant 1, p. 2 : « *Dřjwe než co čjtj bylo o té wognĕ, / Znamenj to dáwáwalo wssudy.* » Dans la version de 1829, cette guerre amoureuse n'est plus qu'un reliquat moderne des guerres anciennes : « *Si néanmoins le sang des filles vient à couler, / Ce n'est pas pour la couronne de laurier, / Mais seulement entre rivales pour un bien-aimé.* » (*Dĕvín*, 1829, *op. cit.*, I, chant 1, p. 12 : « *Poteče-li předc však dívčí krev, / Nepřihodí pro bobkové věnce, / Však jen mezi sokynĕmi pro milence.* »)

[226] Chez Danes : « Varnhagen raconte à Rahel dans une lettre du 27 mars 1812 qu'un major et un lieutenant veulent souffleter Clement [Brentano] et que Nostiz, dont Brentano loue encore en avril la 'noble nature', a trouvé charmante l'idée de lui couper une oreille et de le marquer ainsi pour la vie. Le 27 mai 1812, il écrit à Fouqué que Clemens est l'objet du mépris général et que plusieurs officiers veulent le rosser [...]. Tout cela montre bien que les critiques acerbes de Brentano s'adressent d'abord à ce petit cercle d'officiers, le plus souvent originaires du nord de l'Allemagne, qui depuis la défaite de la Prusse vivent à Prague dans l'inaction et l'ennui et qui sont l'unique fréquentation de Brentano. » (*La Bohême dans la littérature allemande du dix-neuvième siècle, op. cit.*, p. 69).

termine à Vienne. A Duchcov (Dux, où est mort Casanova), le narrateur s'éprend d'une jeune fille, Maria, laquelle donne au roman le titre éponyme de « Madonna » : il lui écrit dès lors des lettres des différentes stations de son voyage, où il s'attache à lui démontrer la beauté et la sainteté du *Monde*. Maria lui répond avant son départ à Prague par une épître intitulée « *Bekentnisse einer weltlichen Seele* » [Aveux d'une âme mondaine], ici encore un imité des « Aveux d'une belle âme » qui se trouve dans *Les années d'apprentissage de Wilhelm Meister*. A ces « aveux » qui dénoncent les abus sexuels dans la société du XIX° siècle, répond une deuxième lettre qui clôt le livre sur un dénouement heureux : Maria écrit au narrateur qu'après la mort de son père, elle vit heureuse à Munich, où elle invite le narrateur. A traiter des deux chapitres sur les légendes tchèques, nous décidons d'ignorer dans une large mesure les aspects sociaux, ainsi que religieux du roman de Mundt.

On voit que l'auteur privilégie un style éclectique qui mêle des aspects du journal de voyage, la référence aux mémoires et notamment à Casanova, les essais littéraires dont la « Bohemiconymphomachia » est l'exemple le plus parlant, mais aussi des traits de réflexion philosophique (vis-à-vis du néo-hégélianisme) et de critique d'art, en particulier dans le chapitre sur Vienne. Le roman tend à l'exercice de style : l'auteur y cultive une érudition légère qui confine à la satire et à la parodie, en quoi elle prend un tour systématiquement anti-romantique. A cet égard, la modernité littéraire tient davantage aux aspects journalistiques[227] et aux engagements politiques du texte, qu'à ses caractères stylistiques hérités, dans une large mesure, soit du classicisme allemand, soit des Lumières : références qui sont en général celles des auteurs du *junges Deutschland*. Le long éloge de Casanova dans le chapitre « Madonna » donne le ton d'un voltairianisme de rigueur, mêlé à une apologie de la Contre-Réforme d'autant plus paradoxale que Mundt est protestant : jusque dans les ornements de style, l'auteur se rapporte expressément à l'époque rococo dont Dresde, Prague et Vienne sont les capitales centre-européennes.

Dans ce contexte, le discours qu'analyse Udo Köster à la faveur du chapitre sur la guerre des femmes est soumis à une triple hypothèque. Premièrement, l'apologie du catholicisme qu'il entreprend est remise en cause par sa confession, au point que Maria se convertit au protestantisme au terme du livre. Deuxièmement (et cela concerne davantage notre sujet), la Bohême y apparaît comme un pays étranger, que l'auteur assimile d'abord aux romans de brigands et aux *Brigands* de Schiller. Une première apostrophe à la Bohême témoigne de la vision éloignée et quasi exotique qu'en a l'auteur allemand : « *Schöne slawische Jungfrau, Böhmen, mit den langen dunkeln Haaren und dem wilden träumerischen Blick, wie geht es Dir seit Jahrhunderten hinter deinen*

---

[227] A Duchcov, le narrateur envisage même d'écrire des *Phantasiien eines zeitungsliebenden Klosterbruders* [« Fantaisies d'un moine ami des journaux »], parodie évidente de l'œuvre fondatrice du romantisme, *Die Herzergießungen eines kunstliebenden Klosterbruders* [Les épanchements d'un moine ami des arts] de Wackenroder (*Madonna, op. cit.,* p. 65).

Bergen ? »[228] Il convient donc de considérer que c'est en Allemand que Mundt traite d'un sujet tchèque. Troisièmement, cette étrangeté se double d'un rapport *gender*, puisque le narrateur échange avec une femme. C'est par elle, précisément, que le personnage de Vlasta est finalement congédié, au nom du sexe féminin : « *Und Du konntest boshaft genug sein, Deine eigenen Ansichten über die Bestimmung unseres Geschlechts dabei zu verschweigen. Wlasta aber, wie Du sie Dir gedacht hast, ist mir ein wahres tragisches Exempel des verfehlten weiblichen Berufs.* »[229]

Il ne s'agit pas de frapper d'inanité la geste *féministe* de la Vlasta de Mundt, dans la mesure où c'est la destinatrice fictive qui en assume la réfutation : l'épisode peut alors garder sa valeur d'essai politique ou même d'utopie. Avant tout, les déterminations religieuses, nationales et sexuées des personnages sont causes d'une rêverie érotique dont la madone, la « pucelle slave » et la jeune fille Maria sont les avatars : les trois chapitres sur Prague sont regroupés sous le sous-titre « Catholicisme. Réhabilitation de la chair. » Le deuxième, qui comporte la « Bohemiconymphomachia », commence ainsi par une déclinaison des beautés « nationales » pragoises (« *nationale Schönheiten* »[230] ou même « *nationelle Gleichformigkeit der Gesichte* »[231]), que nous avons déjà eu l'occasion de citer. Aussi le narrateur ne parle-t-il jamais des rebelles sans insister sur leur beauté : « *jede schön und jede der Liebe und der Thränen wert* »[232]. Un léger érotisme caractérise même la scène de la déploration de Libuše : « *schlugen sich an die blasse Wange und an die blühende Brust* »[233]. La guerre des femmes apparaît à cet égard comme un pendant de l'apologie des Pragoises et est introduite ici encore par la métaphore de la guerre amoureuse : « *überall sah ich zwar Kriegserklärungen aus diesen dunkelschönen Augen schimmern, aber hinter solchen Vorpostengefechten der Blicke lauerte doch immer schon ein glänzender Friedensvertrag* »[234].

Mundt joue comme Hněvkovský du contraste entre les femmes guerrières et la féminité moderne ; son texte apparaît en outre comme une réponse à l'« ennuyeux » poème d'Ebert sur le même sujet. La « Bohemiconymphomachia » présente une paraphrase d'un épisode rapporté par Hájek où, après la mort de leur maîtresse Libuše, les jeunes filles tournées en dérision par les hommes se réunissent autour de Vlasta sur le mont Vidovle ; au discours de Vlasta succède celui de Stratka, qui propose une résolution diplomatique du conflit par des noces avec les princes du pays ; mais Přemysl (Przemysl) refuse d'une manière outrageante pour les prétendantes. Mundt cite parfois textuellement la chronique de Hájek, mais il donne des deux discours une interprétation

---

[228] *Ibid.*, p. 33.
[229] *Ibid.*, p. 424.
[230] *Ibid.*, p. 295.
[231] *Ibid.*, p. 298.
[232] *Ibid.*, p. 308.
[233] *Ibid.*, p. 303.
[234] *Ibid.*, p. 300.

moderne délibérément anachronique et prête à Vlasta la vision des destinées futures de la femme. Le narrateur conclut, à la suite du refus de Přemysl, sur la colère des femmes et le « fragment » se termine sur une phrase inachevée : « *Wlasta, der Mägde hochherzige Führerin...* »[235] Toute la guerre des femmes n'apparaît en réalité que sous la forme d'un résumé que le narrateur en donne ensuite à sa correspondante, récapitulant en une longue phrase tous les épisodes du conflit : comme le relève Köster, Mundt n'a que peu d'intérêt pour le récit légendaire en lui-même.

La dimension parodique du texte vise avant tout Ebert, auquel le narrateur demande : « *warum er in seiner 'Wlasta' den böhmischen Mägdekrieg so sentimental verhunzt habe ? Ein humoristisches Heldengedicht,* poursuit-il, *oder eine historisch-komische Novelle hätte er aus diesem Stoff machen sollen, aber nichts Lyrisch-heroisches* à la *Ebert.* »[236] A la fin du chapitre, Mundt mentionne aussi Van der Velde, dont la conception d'une femme cantonnée à la domesticité ne pouvait satisfaire l'auteur du *junges Deutschland*. C'est en effet Vlasta elle-même qui, dans sa vision, critique explicitement le statut de la femme dans la société bourgeoise : « *ein bürgerliches Zeitalter der Menschen, in dem die Frauen viel gelten ; sie stricken, nähen, schenken den Thee ein, und sprechen angenehm.* »[237] Le ton léger, d'une part ; et la réflexion politique, d'autre part, sont donc pour Mundt les moyens de la déconstruction des auteurs à la mode. Le style de cette réécriture parodique se caractérise par les archaïsmes, les incontournables apostrophes à la muse ou encore l'abus de la conjonction de coordination « denn », employée de façon anaphorique au sujet du bras droit de Přemysl, Hinchwoch : « *denn er hatte keinen Geist.* »

La guerre des femmes fonctionne ici comme sujet comique à deux égards : elle est l'occasion d'une satire des hommes ; elle prête à un certain nombre d'anachronismes humoristiques. La célébration des femmes va de pair avec la dépréciation des valeurs viriles, qui se réduisent chez Přemysl et chez Hinchwoch à la stupidité et à l'ivrognerie. Ainsi le souverain ne tarde-t-il pas à se rendre compte des avantages du veuvage : « *Bald aber mußte er einsehen, welche Qual es mit sich bringe, eine geistreiche Frau zu besitzen. Er konnte gar nicht mitreden, wenn sie zu philosophiren anfing, und so oft sie in Begeisterung gerieth, machte er ein dummes Gesicht dazu.* »[238] L'auteur ayant par ailleurs précisé que lui-même écrit sur la table d'une auberge, les deux scènes où l'on voit les hommes se réduisent à des conversations d'auberge : « *Przemysl und Hinchwoch saßen wieder bei einem Faß Meth, und bekümmerten sich um die ganze Welt nicht.* »[239] Mundt reprend ici une satire conventionnelle de la masculinité, comme le montrent, entre autres, Van der Velde : « *Wladicken oder Zemann [...], der keine Lust kennt, außer die Jagd und den Methkrug* »[240] et plus

---

[235] *Ibid.*, p. 338.
[236] *Ibid.*, p. 300.
[237] *Ibid.*, p. 318.
[238] *Ibid.*, p. 305-306.
[239] *Ibid.*, p. 327.
[240] *Der böhmische Mägdekrieg, op. cit.*, I, chapitre 2, p. 25.

encore Brentano, lorsqu'il subvertit les mêmes stéréotypes à l'occasion de la chanson grotesque des filles de Děvín :

Der Mann schläft unterm Pfluge,
Wir sitzen spät beim Kruge.[241]

La satire de Mundt ne remet donc aucunement en cause les stéréotypes sur la différence des sexes qui prévalaient à son époque. Rendus possibles par le parti pris journalistique de sa réécriture, les anachronismes s'avèrent plus représentatifs de l'originalité de la satire, dans la mesure où ils ne servent pas seulement de procédé comique, mais lui permettent aussi de développer un discours politique moderne. Chez lui, Libuše est honorée comme la fondatrice d'un institut pour jeunes filles : « *die [...] Budecer Mädchenanstalt* » et plus loin : « *Pensionsanstalt* »[242]. Ce rôle a bien sûr un caractère burlesque, mais il n'en réfère pas moins au programme des Lumières d'une émancipation politique par l'éducation : « *der alte Vater und die alte Mutter verstanden der Tochter adliches und freigebildetes Wesen* »[243]. Les jeunes filles de Libuše ont donc accédé à la majorité politique revendiquée par Kant. La référence à Hippel (1741-1796), comme au seul philosophe qui étende les Lumières à la femme, confirme ce programme : « *er ist der Erste unter allen Männern, in dem der große Gedanke Libussas wieder hervortaucht.* »[244] En alléguant cet exemple, Vlasta revendique l'héritage des Lumières et se définit ainsi par rapport à la pensée politique du *junges Deutschland*, prenant explicitement position dans le mouvement féministe[245].

Il est caractéristique autant qu'inattendu que les femmes guerrières de Mundt citent des slogans révolutionnaires en français dans le texte : « Liberté pour toutes les femmes ! *Das war der Grundsatz, theure Freundinnen, in dem wir erzogen wurden.* »[246] Et plus loin, dans la vision prophétique du Saint-Simonisme : « L'élévation de l'épouse au niveau de l'époux ! »[247], sur quoi Stratka conclut, elle sans faculté visionnaire : « *das freie Weib ist souverain* »[248]. L'exemple des femmes guerrières de Mundt confirme la référence souvent implicite à la révolution française. A ce contexte politique contemporain fait écho la vision que l'auteur prête à son héroïne : c'est une esquisse d'histoire politique de la femme. Vlasta reprend à son compte l'interprétation qu'avait donné Schiller du personnage de Jeanne d'Arc : « *Und ich sehe eine liebliche Jungfrau, die erst die*

---

[241] *Die Gründung Prags, op. cit.*
[242] *Madonna, op. cit.*, p. 308.
[243] *Ibid.*, p. 309.
[244] *Ibid.*, p. 319.
[245] Voire suffragiste : par un jeu de mots lui aussi anachronique, Stratka appelle « *Wahlrecht* » (*ibid.*, p. 324) le droit de choisir librement son époux. Ce détail est un bon exemple de la réécriture, selon des conceptions politiques modernes, du discours tel que l'a consigné Hájek.
[246] *Ibid.*, p. 312.
[247] *Ibid.*, p. 320. Citation en français dans le texte.
[248] *Ibid.*, p. 324.

Lämmer in Thal weidete, dann, vom Geist gerufen, den Helm auf ihr Haupt setzte, und gegen die Feinde des Vaterlandes in die Schlacht zog. Sie will zeigen, daß das Weib auch ein Vaterland habe, und Alle folgen jauchzend dem Mädchen von Orleans. »[249] Mais c'est pour conclure à l'insuffisance du patriotisme comme moyen d'émancipation : « *Auch die Vaterlandsbegeisterung macht das Weib nicht frei.* »[250]

Recourant à l'idée de nation, Vlasta juge de l'histoire de la femme selon des concepts contemporains. La vision se termine avec le Saint-Simonisme et le départ du « père suprême » Enfantin pour le Moyen-Orient (1834), où il espérait trouver la femme libre : la Vlasta de 1835 traite donc de sujets d'actualité. L'auteur établit entre les belles jeunes filles de la légende et la description des Saint-Simonistes un contraste comique : « *Dort ist ein Saal, in dem Männer mit lanfen Bärten versammelt sind, die eine besondere Weisheit unter sich verabredet haben, die heißt Saint-Simonismus.* »[251] Il est évident que le texte sert ici la satire politique, d'autant plus que dans sa dernière lettre, le narrateur renie cette doctrine. L'idée que la guerre des femmes fût « *der keckste Versuch zur Emancipation der Frauen* »[252] ou même « *[eine] ethisch-gesellschaftliche Revolution, in welcher sich das freie Weib als Amazone constituierte* »[253], doit donc être expressément rapportée à l'usage satirique et polémique de l'anachronisme. Même Přemysl relève cet abus de style, au moment de faire la satire sociale du XIX° siècle (« *das glorreiche neunzehnte Jahrhundert* »[254]) : « *Es ist mir, als käme der neuerdings Mode gewordene Geist der Weissagung auch über meine Seele.* »[255]

Se manifestant chez lui sur un ton burlesque, la faculté visionnaire a aussi, dans le cas de Vlasta, une fonction interne au récit : elle établit la parenté spirituelle de Vlasta et de sa maîtresse Libuše, en particulier lorsque celle-ci inaugure le moment prophétique. « *Libussa sitzt groß in den Wolken, und reicht mit ihrer Hand von oben bis tief in mein Herz* »[256]. A en croire l'exclamation de Stratka, Vlasta est presque *possédée* par Libuše : « *Sehet, es ist über Wlasta der Geist Libussas gekommen, der Geist der Weissagung !* »[257] Là où Kolař transférait à sa « Libuše » les attributs de l'Amazone, la déconstruction du mythe passe désormais chez Mundt par le transfert des qualités de la prophétesse à la guerrière. De manière significative, la « Bohemiconymphomachia » met en scène une Vlasta blonde, au moment de la mort de sa maîtresse : « *Am stärksten weinte ein hohes*

---

[249] *Ibid.*, p. 317.
[250] *Ibid.*, p. 318.
[251] *Ibid.*, p. 319.
[252] *Ibid.*, p. 300.
[253] *Ibid.*, p. 341.
[254] *Ibid.*, p. 330.
[255] *Ibid.*, p. 329.
[256] *Ibid.*, p. 315.
[257] *Ibid.*, p. 314. La vision se caractérise par une communion avec la nature que les réécritures du XIX° siècle réservent généralement à la prophétesse : « *und Wald und Strom, und Vogel und Blume, und Luft und Licht werden lebendig, und reden ein Wort mit* » (*ibid.*, p. 315). On retrouve sans doute ici les stéréotypes du XIX° siècle sur le lien privilégié de la femme avec la nature.

schlankes Mädchen, mit langem blondem Haar. »[258] Par ce rapprochement, Mundt procède à une valorisation générale du personnage de Vlasta. Si l'on admet avec Udo Köster que Libuše représente « *die Herrschaft der gebildeten Vernunft* »[259], on peut supposer plus avant que Vlasta entretient avec sa maîtresse la même relation qu'un mouvement révolutionnaire comme le *junges Deutschland* avec les Lumières.

Des deux chapitres qui concernent les légendes fondatrices de la Bohême, on l'a vu, le premier est dominé par le personnage de Libuše et le second par celui de Vlasta. Il reste maintenant à revenir sur la représentation de Libuše dans la première épître pragoise, afin de rendre compte de la distinction qui subsiste entre les deux héroïnes. Ce chapitre où Mundt traite de Libuše pour elle-même n'est pas, contrairement à la « Bohemiconymphomachia », une réécriture de la légende ; mais un éloge de Prague, genre littéraire dans lequel Libuše n'a qu'un rôle anecdotique. « *Unter allen Städten, die ich geschaut, gefällt mir, Libussa, deine Stadt !* »[260] Ainsi le narrateur ouvre-t-il sa description de Prague : la fondatrice sert aussi bien d'allégorie de la ville. Les aspects iconiques de sa représentation tendent à confirmer cette fonction emblématique : encadrée par l'ouverture et la fermeture des portes du château de Libin, la scène de la prophétie qui est décrite dans l'intervalle garde un caractère particulièrement statique. « *Es ist mir, als schlügen die Pforten auseinander, und heraustritt die ernste kluge Fürstin [...]. So sprach die Fürstin, und reckt mit der Hand prophetisch hinaus in die Ferne, und erhebt sich von ihrem Sitz, und schreitet langsam zurück in ihr Schloss Libin. Und krachend schlägt wieder die Pforte hinter ihr zusammen.* »[261]

On voit ici la scène de la vision sur le mont Petřín devenue cliché : « *als käme ein Sehergeist auch über mich, und zöge meine Blicke zurück in ferngeflossene wunderbare Zeiten* »[262], si bien que c'est d'abord à l'auteur qu'il faut rapporter le « prophétisme à la mode » dont parlait Přemysl. Après la traversée du pont Charles et la visite du Château, rencontrer Libuše à Petřín devient quasiment une attraction touristique. A ce titre, la littérature de voyage comme genre littéraire détermine le traitement du personnage : Mundt semble avoir admis cette distinction devenue canonique, selon laquelle Libuše est un monument incontournable des légendes tchèques et Vlasta une curiosité. La fondatrice représente Prague : « *Das ist Prag, die geweissagte Stadt, wie im achten Jahrhundert Libussa sie im Geist aufsteigen gesehn, als Seherkraft die Fürstin ergriffen hat mit großen Bildern* »[263] et, plus loin : « *Da liegt der Gedanke Libussa* »[264]. Il serait difficile, en

---

[258] *Ibid.,* p. 303.
[259] KÖSTER, Udo, « Frauenherrschaft, Zeitenwende -Über das Verhältnis von Mythos und Geschichte in Romantik und Vormärz am Beispiel der Bearbeitungen des Libussa-Stoffes bei Brentano, Ebert, Mundt und Grillparzer », in *Romantik und Vormärz. Zur Archäologie literarischer Kommunikation in der ersten Hälfte des 19. Jahrhunderts*, Aisthesis Verlag, [Bielefeld, 2003], p. 403.
[260] *Madonna, op. cit.,* p. 261.
[261] *Ibid.,* p. 270-271. Le geste prophétique de la main est repris par Vlasta au chapitre suivant.
[262] *Ibid.,* p. 270.
[263] *Ibid.,* p. 169-270.

s'appuyant seulement sur ces lignes, de faire de la souveraine l'incarnation d'une « *Herrschaft der gebildeten Vernunft* » : la pensée de Libuše, ici, n'est plus la pensée féministe, mais seulement la concrétisation de sa vision sous la forme d'une ville.

Ce faisant, Mundt réemploie le topos de la muse pour caractériser son personnage. Libuše devient en effet une figure de la force créatrice : « *Aus meinen Gedanken wird höchstens ein deutsches Buch, nie eine That, am allerwenigsten aber eine Hauptstadt. Wenn aus allen meinen Ideen lieber Häuser, aus meinen Bildern Paläste, aus meinen Gefühlen Straßen und Brücken, aus meinem Verstand ein Marktplatz, aus meiner Vernunft eine Verfassung, aus meiner Melancholie eine Kirche, aus meiner Bosheit ein Gesellschaftssalon, aus meiner Phantasie ein Liebestempel, aus meiner Lebenserfahrung ein Theater, aus meinem Humor ein Volksgarten, aus meiner Reflexion ein schiffbarer Strom würde, dann hätte die Welt doch etwas davon, und sie sollte sich verwundern, was sie davon hätte !* »[265] Ailleurs l'auteur parle de « *städtebauende Muse* »[266] : l'éloge de Prague devient un éloge des villes comme lieu de l'organisation d'une société. C'est dire qu'il faut donner à la « créativité » de Libuše une valeur fondamentalement *politique*, notamment lorsqu'elle se solde par un appel au changement : « *O Libussa ! Es muß anders mit uns werden.* »[267]

Dans le cas de Libuše comme dans celui de Vlasta, la pensée politique sert chez Mundt de principe au détournement ou à la déconstruction du mythe et des représentations stéréotypées qu'il définit. Ce faisant, *Madonna* reprend à son compte l'image iconique de Libuše qui s'est imposée. A cette allégorie abstraite s'oppose le personnage résolument sexué de Vlasta, mais c'est au prix d'un divorce entre une physionomie « nationale » et une pensée cosmopolitique : soit, *mutatis mutandis*, entre la féminité et le féminisme de Vlasta, sur la question cruciale de la nation. Alors que Libuše incarne la ville de Prague, Vlasta n'incarne plus la nation que comme « *die Schönste und Stärkste unter Allen* »[268] : elle n'a manifestement plus sa place dans une idéologie nationale tchèque. Le roman de Mundt témoigne à ce titre de la nationalisation du personnage de Libuše. A titre de comparaison, nous citons la remarque de Tureček à propos de Vlasta dans les *Filles de Sláva*, de Jan Kollár (poète romantique, 1793-1852) : « *Il est d'ailleurs remarquable que sa position dans le cadre de la littérature allemande ait été plus assurée que sa situation dans le contexte littéraire tchèque [...]. Dans les* Filles de Sláva *de Kollár, les 'illustres guerrières de Děvín' se retrouvent certes dans le Panthéon tchèque et l'auteur consacre ci et là à Vlasta ou à Šárka quelques vers en général anodins.* »[269]

---

[264] *Ibid.*, p. 272.
[265] *Ibid.*, p. 272.
[266] *Ibid.*, p. 281.
[267] *Ibid.*, p. 273-274.
[268] *Ibid.*, p. 310.
[269] « Amazonky na hranici humoru a travestie », *op. cit.*, p. 37 : « *Pozoruhodné přitom ovšem je, že jeho pozice v rámci německé literatury byla mnohem pevnější než postavení v kontextu písemnictví českého [...]. V Kollárově Slávy dceři se sice smělé bojovnice Děvínské ocitly ve slovanském nebi a Vlastě či Šárce bylo porůznu věnováno ještě několik vcelku*

Libussa, *de Franz Grillparzer.*

Le drame de Franz Grillparzer consacré au règne et aux noces de Libuše fait l'objet d'une réception problématique, en premier lieu par son caractère inabouti, critiqué au premier chef par l'auteur lui-même. La rédaction des cinq actes de *Libussa* s'étend sur plus de vingt ans, en quoi elle se distingue de la rapidité d'écriture qui caractérisait généralement Grillparzer : il travaille en effet à son drame dès 1826 et une dernière fois en 1848[270]. Grillparzer considérait comme un défaut notoire de sa pièce le motif emprunté à Musäus et à l'opéra de Konradin Kreutzer *Libussa* (1823)[271] de l'épreuve à laquelle Libuše soumet ses prétendants, sous forme d'énigme. Libuše pose pour condition de son mariage la restauration dans son intégrité de la parure dont Přemysl lui a volé un joyau en ouverture du premier acte, pour reconnaître l'inconnue qu'il a secourue à l'occasion d'un accident en forêt. Le motif sert dès lors de fil conducteur à l'intrigue pour les quatre premiers actes. Přemysl s'approprie la parure au deuxième acte, en échange du joyau manquant ; répondant à l'énigme posée par une autre énigme, il restitue toute la parure au quatrième acte en la dissimulant dans une corbeille de fleurs. Le cinquième acte traite de la fondation de Prague.

Le deuxième problème que pose la réception de la pièce est, d'un point de vue politique, la relation de Grillparzer au peuple tchèque. *Libussa* est le deuxième sujet tchèque dont il traite, après *Grandeur et déclin du roi Ottakar* : le portrait que l'auteur y donnait du roi de Bohême Přemysl Ottakar avait fait scandale dans la population tchèque de Vienne. Dans son autobiographie, Grillparzer nie une quelconque animosité de sa part à l'égard des Tchèques. L'essor d'un nationalisme tchèque ne pouvait cependant qu'indisposer le fonctionnaire de l'Empire habsbourgeois. Dans *Libussa*, le peuple tchèque (« *Czechenvolk* ») apparaît avant tout comme une entité politique et non sous ses aspects vernaculaires. « *Wir sind ein dunkles Volk, unkundig in den Rechten* »[272] n'est pas précisément une affirmation de la couleur locale : le peuple est une foule confuse, que n'organise pas encore l'institution. Sa détermination vernaculaire paraît anecdotique : il est par exemple significatif que Libuše écarte le langage des fleurs (*Blumensprache* / *květomluva*), lorsque Přemysl lui propose son énigme avec la corbeille de fleurs et de fruits.

Das ist nun wohl des Ostens Blumensprache,

---

bezvýznamných veršů. » Tureček cite l'édition de 1852, en précisant qu'il est encore moins fait mention des guerrières tchèques dans la première version de 1824.

[270] *Libussa* n'est pas joué du vivant de l'auteur, sinon le premier acte qui est donné à des fins caritatives le 29 novembre 1840 au Burgtheater, à Vienne.

[271] Le livret était de Josef Carl Bernard (voir bibliographie). Le motif de la parure, chez Grillparzer, ne saurait manquer de rappeler le motif des anneaux chez Brentano, aussi peu pratique d'un point de vue dramaturgique.

[272] GRILLPARZER, Franz, *Libussa*, Reclam, Stuttgart, 1982, acte I, p. 12.

Die träumend redet mit geschlossenem Mund,
Und diese Rosen, Nelken, saft'gen Früchte
Sind wohl geordnet zu geheimen Sinn. [273]

A considérer la pensée politique du peuple chez Grillparzer, il n'est peut-être pas fortuit que la rédaction de cette nouvelle pièce à sujet tchèque ait été interrompue en 1848.

En troisième lieu, la critique littéraire a débattu du statut de Libuše en tant que femme. *Libussa* compte parmi les nombreuses pièces de l'auteur qui ont une femme pour sujet principal. Dans son ouvrage *Grillparzers Frauengestalten,* Francis Wolf-Cirian lui assigne même ce rôle ambitieux : « *Wer weiß, ob nicht in dem Streit um das Recht der Frau die Libussa bald eine ähnliche Rolle zu spielen berufen ist, wie der Nathan in den religiösen Kämpfen des 18. Jahrhunderts?* »[274] Entre cette volonté de faire de Grillparzer un écrivain féministe et la soumission consensuelle de Libuše à son mari à la fin du drame, la contradiction est flagrante. Wolf-Cirian doit conclure à une contradiction interne du texte : « *in den ersten Szenen des vierten Aufzuges wird Grillparzer seiner eigenen Idee untreu.* »[275] Les auteurs qui s'attachent à démontrer la consolidation du patriarcat (Robertson) ou même de la phallocratie (Reeves) dans l'œuvre arrivent à de semblables conclusions sur les incohérences de la pensée de Grillparzer sur la femme. Il convient donc de distinguer entre la psychologisation de la matière initiale et la réflexion politique de l'auteur.

Julia Neissl voit dans le conflit des sexes le motif premier de la gêne des commentateurs devant un tel mélange d'intrigue amoureuse et de drame politique : « *Deshalb trennen sie dann Lustspiel (erster-vierter Aufzug) und Trauerspiel (fünfter Aufzug)* »[276]. Son analyse conclut à un constant échange des fonctions masculine et féminine traditionnelles entre les deux protagonistes Libuše et Přemysl, tout en considérant chez le second un discours sur les sexes plus assuré : « *Hinsichtlich dieser Bewertung ist jedoch auch zu bedenken, daß sowohl Grillparzer als auch Kleist Männer waren, und ihnen eine ambivalente Charakterdarstellung vielleicht bei weiblichen Figuren leichter gefallen ist als bei den männlichen.* »[277] Pour nous, cette interprétation ne présente pas seulement l'intérêt de prendre en considération le contexte d'écriture qui est celui de Grillparzer, mais aussi de fonder sur une analyse gender la réflexion sur l'Etat. En effet, le vers du

---

[273] *Ibid.,* acte III, p. 53. L'attribution d'une signification précise aux métaphores florales formait un code amoureux alors en vogue dans les Pays tchèques : le langage des fleurs ou « *kvĕtomluva* », que Libuše définit de manière critique dans ces vers (cf. à ce sujet MACURA, Vladimír, *Znamení zrodu* : voir bibliographie). Ce faisant, elle écarte aussi les possibilités du discours galant et amoureux, au profit d'un discours public et politique. L'auteur joue déjà des ambivalences développées à l'acte IV entre les domaines psychologique et politique.
[274] WOLF-CIRIAN, Francis, *Grillparzers Frauengestalten,* J. G. Cotta, Stuttgart-Berlin, 1908, p. 248.
[275] *Ibid.,* p. 261.
[276] « *Anmutige Kriegerin und warmherzige Regentin* », op. cit., p. 94.
[277] *Ibid.,* p. 127.

cinquième acte : « *es ist der Staat die Ehe zwischen Bürgern* »[278] fonde métaphoriquement le contrat social sur le rapport des sexes.

Un premier aspect de la métaphore est l'interprétation que Grillparzer propose de la légende comme conte philosophique. Ainsi, les paroles qu'adresse Přemysl à Libuše sont investies d'un sens métatextuel, lorsqu'il évoque la route « *die du, ein Märchen, kamst, und eine Wahrheit scheidest.* »[279] La véridicité de la fable ou du *mythe* philosophique définit une première caractéristique du style de Grillparzer, par opposition à la mythologie romantique : *Libussa* se réfère formellement à la tradition des Lumières, auquel titre Wolf-Cirian n'a pas tort de la comparer au *Nathan* de Lessing. Plutôt que le terme de « rêve », Grillparzer emploie le terme d'image (« *Bild* ») voir de récit : « *Ein Traum ist ja Erzählung und sonst nichts* »[280]. Il pousse ce rationalisme jusqu'à faire des énigmes l'expression d'un rapport de pouvoir :

> Doch Rätsel ziemt nur der Gewalt,
> Die Rätsel lösen eignet dem Gehorsam. [281]

A ce titre, la discussion de l'*image* est au centre de l'œuvre. Neissl précise à ce sujet : « *Die Lösung des Geschlechterkampfes ist nur in der Utopie möglich.* »[282] D'un point de vue scénographique, l'utopie est représentée dans la pièce en ouverture du deuxième acte, sous les espèces d'une idylle champêtre : « *Man hört Gesang von Männerstimmen. Mehrere Feldarbeiter kommen, sich paarweise umschlingend* »[283]. Pour menacé qu'il soit, le règne de Libuše est assimilé par là au règne de la nature.

Comme il a dépouillé le peuple de ses traits nationaux et vernaculaires, Grillparzer dépouille la légende de ses éléments merveilleux ou fantastiques : contrairement à Brentano, il réduit la prophétie à son strict minimum, la cantonnant au cinquième acte, où elle se solde par la mort de l'héroïne, épuisée par la transe. A tous égards, la déconstruction du mythe équivaut donc à sa « déromantisation ». *Libussa* est du reste le drame de la sortie de l'état de nature, de la situation d'autarcie du deuxième acte. Au cinquième acte, Přemysl fonde l'échange et le commerce :

> (…) So schafft uns Tausch was hier noch etwa fehlt.
> L i b u s s a. Genügsamkeit ist doch ein großes Gut !
> P r i m i s l a u s. Befriedigt ist das Tier nur und der Weise. [284]

---

[278] *Libussa, op. cit.,* acte V, p. 77.
[279] *Ibid.,* acte I, p. 14.
[280] *Ibid.,* acte IV, p. 64.
[281] *Ibid.,* acte III, p. 53.
[282] « *Anmutige Kriegerin und warmherzige Regentin* », *op. cit.,* p. 130.
[283] *Libussa, op. cit.,* acte II, p. 23.
[284] *Ibid.,* acte V, p. 78.

La politique d'ouverture du pays que pratique Přemysl, ainsi que la thématique du « sceptre de fer » reprise aux chroniqueurs, n'est pas sans rappeler le joséphisme et corrobore à ce titre la comparaison de Přemysl et de Joseph II que William Reeves fonde sur l'iconographie du monarque éclairé labourant un champ dans les environs de Brno[285]. Les sympathies politiques de Grillparzer ne rendent pas impossible cette allusion ; davantage, la pièce illustrerait alors la transition d'un système national à un système d'Empire. Que le peuple tchèque soit représenté par le protagoniste féminin de cette relation est sans doute une coïncidence, mais elle est significative.

En effet, la transition que nous avons décrite ne s'opère pas seulement entre un homme et une femme, mais d'une manière plus générale entre des groupes sexués qui ont des fonctions sociales déterminées. La sphère du sacré échoit de manière univoque aux femmes, représentées par les sœurs de Libuše et leurs suivantes : il n'y a pas, comme chez Brentano, de clergé institué. Teta (Tetka) et Kazi (Kascha) se consacrent à la contemplation de l'Esprit de façon exclusive : « *In Wahrheit hilft doch nur der Geist dem Geiste.* »[286] En représentante de la nature, Libuše appartient originellement à la sphère des filles de Krok : Grillparzer radicalise la sacralisation ambiguë de la femme au XIX° siècle, voire stigmatise la religiosité romantique, en caricaturant son hermétisme hautain. « *Zu gut für euch, für uns nicht gut genug* »[287], répondent les sœurs au peuple qui, au premier acte, leur proposent la couronne. A cette aristocratie de l'esprit fait pendant la sphère du politique, presque exclusivement masculine. Elle compte le peuple (une mère est montrée sur scène au début de l'acte II) et surtout les nobles tchèques Lapak, Bivoj (Biwoy) et Domaslav. C'est un monde d'intrigues politiques qui est tourné en dérision par Libuše elle-même, laquelle ne les appelle bientôt plus que « les fous » (« *die Tolle* »).

Eu égard à cette sévère discrimination sexuelle, il nous semble que le conflit des sexes ne se résoud pas dans l'opposition actif-passif entre Libuše et Přemysl, mais qu'il se joue surtout dans la rupture de Libuše avec le cercle de ses sœurs : certes, la nostalgie qu'elle a de la sphère de l'esprit et la prophétie du cinquième acte remettent en cause son émancipation. Il n'en reste pas moins que Libuše est celle qui a rompu le « cercle », selon les termes que ses sœurs emploient pour parler d'elle :

Sie kann nicht mehr zu uns zurück, denn störend

---

[285] « *Die berühmte Anekdote von Kaiser Joseph mit dem Pflug in der Hand* » : voir REEVES, William C. « The *Libussa* controversy : some thoughts on male dominance », in Pichl, Robert et Bernd, Clifford A. (éd.), *The other Vienna : the culture of Biedermeier in Austria*, Lehner, [Vienne, 2002], p.67. Reeves se réfère à une gravure qui porte la légende suivante : « *Am 19. August 1769 ackerte Kaiser Joseph II. Beim Dorf Slavíkovice in der Nähe von Brünn mit dem Pflug des Bauern Andreas Trnka einige Furchen.* »

[286] *Libussa, op. cit.,* acte I, p. 11.

[287] *Ibid.* La satire du sacré peut être aussi bien motivée par l'anticléricalisme de Grillparzer et participerait dès lors du mouvement de politisation à l'œuvre dans la pièce.

Und selbst gestört, zerstörte sie den Kreis.[288]

La sécularisation qui est entreprise avec cette sortie de la sphère du sacré vers celle du politique a une fonction d'intercession. Animée par la compassion, la souveraine oppose à la notion de droit, « *das Recht zugleich und Unrecht* »[289], la notion de grâce : « *ich sehe üb'rall Gnade* »[290]. Ce rôle de médiatrice se confirme dans le symbole final du *seuil* qu'est la ville de Prague : « *die Schwelle, das ist gut.* »[291] Comme on l'a vu, cette situation médiane la met au ban de toutes les sociétés, puisque les hommes renient la femme qui les gouverne. Il n'en reste pas moins que l'enjeu du règne de Libuše est précisément l'institution hétéronome du politique, que symbolise le mieux la fondation d'une ville (d'une *polis*) ; et qu'elle a à cet égard un rôle semblable à celui de la Libuše de Mundt.

De ce point de vue, on comprend la fondation de l'Etat dans les noces de Libuše avec Přemysl, qui se réalisent au terme du quatrième acte. Cet acte constitue un délai dans l'action et un excursus par rapport au récit des chroniqueurs : le malentendu sur la restitution de la parure dégénère au point que la souveraine menace de faire tuer Přemysl, cela sur les motifs du refus de chacun de se *rendre* à l'amour de l'autre. L'enjeu, nous semble-t-il, n'est pas tellement la soumission de la femme (elle est incontestable), mais le rapport établi entre relation amoureuse et pouvoir étatique. La métaphore filée entre individu et Etat va dans ce sens, lorque Přemysl dit en montrant sa tête et ses mains :

> Hier ist mein Rat und hier sind meine Diener,
> Die Füße meine Boten, und das Herz
> Es ist mein Reich.[292]

Le quatrième acte paraît fondé sur cette ambivalence où le laboureur incarne la dimension individuelle et la souveraine, la dimension étatique. Son premier interlocuteur, Vlasta, le comprend bien lorsqu'elle conclut : « *Du dachtest dir das Weib und fandst die Fürstin.* »[293] Entre Přemysl et Libuše, l'accusation réciproque d'orgueil tient à la liberté individuelle d'une part : « *der Willkür fügt kein Freier sich* »[294] et au pouvoir de l'autre : « *und trägst die Krone, wenn du sie*

---

[288] *Ibid.*, acte III, p. 49.
[289] *Ibid.*, acte II, p. 43.
[290] *Ibid.*, acte II, p. 40. Přemysl, en revanche, incarnera le droit que réclame le peuple ; de même qu'il sera l'homme que les nobles réclament à la tête de l'Etat. A cet égard il ne change pas de « sphère » politique : ici non plus, sa fonction n'est pas ambivalente comme l'est celle de Libuše.
[291] *Ibid.*, acte V, p. 79.
[292] *Ibid.*, acte IV, p. 57.
[293] *Ibid.*, acte IV, p. 65.
[294] *Ibid.*, acte IV, p. 68.

verleugnest »[295]. On constate ici un chevauchement de deux motifs : le conflit des sexes et l'allégeance politique, qui font de ce quatrième acte l'acmé du drame tout entier.

Avec le dénouement du drame au cinquième acte, la prophétie de Libuše présente la philosophie de l'histoire à l'œuvre dans la pièce : le pessimisme général dont elle témoigne s'ouvre finalement sur un *credo* humaniste qui consacre le monde historique et politique. D'un point de vue *gender*, Neissl qualifie cette prophétie de « *Fluch für das Patriarchat »*[296], considérant que l'histoire que fonde ici Libuše correspond au règne des hommes. La prophétesse irait selon elle jusqu'à annoncer « *daß die Stärke der Frauen in anderen Zeiten wieder hervortreten würde »*[297] : rien, pourtant, n'y préfigure la guerre des femmes. Il faudrait donc interpréter cette remarque dans la perspective de la restauration future de *qualités* féminines, dont le règne s'achève avec Libuše : « *Die Zeit der Seher wieder und Begabten. »*[298] Si cette lecture est sujette à caution, il demeure caractéristique qu'elle corresponde aussi bien aux destinées futures du peuple tchèque, puisque Libuše annonce la domination germanique :

> Ja selbst die Menschen jenseits eurer Berge,
> Das blaugeaugte Volk voll roher Kraft,[299]

et finalement l'éveil national : « *die lang gedient sie werden endlich herrschen »*[300]. On pourrait donc donner une interprétation nationale de la « malédiction » de Libuše contre le régime à venir, en relevant toutefois que le règne tchèque demeure ambivalent, « *zwar breit und weit, allein nicht hoch noch tief »*[301].

Le parallèle entre construction étatique et conflit des sexes mène dans *Libussa* à une marginalisation du personnage de Vlasta, au profit du couple Libuše-Přemysl. Ulrich Fülleborn note par exemple : « *Grillparzer hat in seinem Drama das Motiv des Amazonentums bzw. des Mädchenkrieges gegen die Männerwelt ganz an dem Rand gedrängt ; nur noch in Rudimenten ist es erkennbar. Um so dramatischer und tragischer spielt sich der zwischen den Geschlechtern anhängige Prozeß in individualisierter Form ab. »*[302] Dans la liste des personnages, Vlasta est comptée au nombre des « *Dienerinnen der Schwestern »*, c'est-à-dire qu'elle n'a pas de liberté individuelle. Elle intervient à chaque acte, sur ordre de Libuše, ou de ses sœurs (au cinquième acte).

---

[295] *Ibid.,* acte IV, p. 69.
[296] « *Anmutige Kriegerin und warmherzige Regentin* », *op. cit.,* p. 108.
[297] *Ibid.,* p. 108.
[298] *Libussa, op. cit.,* acte V, p. 90.
[299] *Ibid.,* acte V, p. 88.
[300] *Ibid.,* acte V, p. 88.
[301] *Ibid.,* acte V, p. 88.
[302] FÜLLEBORN, Ulrich, « Der Gang der Zeit von Anfang : Frauenherrschaft als literarischer Mythos bei Kleist, Brentano und Grillparzer », in Kreutzer, Hans Joachim (éd.), *Kleist-Jahrbuch 1986*, Erich Schmidt Verlag, [Berlin, 1986], p. 71.

Au début du deuxième acte, où elle est armée « *mit Brustharnisch und Helm* »[303], elle exerce une charge policière qui demande à reconsidérer le tableau idyllique du règne de Libuše. Le personnage a une fonction de distanciation : ainsi, c'est elle qui ouvre le cinquième acte en apostrophant successivement Libuše et Přemysl, montrant aussitôt après le quatrième acte que le dénouement du conflit n'est pas si idyllique qu'il y paraît. Il faudrait donc prendre à la lettre la réponse que lui fait alors la souveraine :

> Ja so, du weinst um uns ? Wir sind dankbar,
> Man sagt kein irdisch Glück sei ungetrübt.
> Nimmst du die Trübsal nun, statt uns, auf dich,
> So freun wir uns um desto ungetrübter.[304]

Le rôle de Vlasta rappelle la dimension utopique du mythe philosophique qui nous est présenté et participe *a fortiori* de la déconstruction critique qui s'y fait jour d'une manière générale. Ainsi, la Vlasta de Grillparzer est la seule qui ne produise pas d'arguments de type féministe : sa critique porte d'abord sur des questions de rang, soit précisément sur la mésalliance du politique et de l'individuel.

> Du weichst mir aus ; ein Zeichen daß du's fühlst.
> Mein Jammer ist, daß ich die Hohe, Hehre,
> Muß unterwürfig sehn dem Sohn des Staubs.[305]

Dans toutes ses charges et dans toutes ses prises de position, Vlasta est aussi bien une figure de l'institution que Přemysl. Dès lors qu'on considère que ces deux personnages sont concurrents, non seulement la démarche de Libuše s'en trouve singularisée, mais on s'explique aussi mieux, à l'acte IV, qu'une confrontation de Vlasta et de Přemysl précède celle de Přemysl et de Libuše. Si peu « féministe » qu'il soit, le drame de Grillparzer met en scène un bouleversement des catégories politiques sexuées : la scission du couple récurrent Libuše-Vlasta le montre, autant que le caractère plus hasardeux d'une catégorisation sexuée des identités nationales chez l'auteur. Le statut de la femme et le statut de la nation (tchèque) sont en effet traduits chez Libuše par une ambivalence que ne partage pas Vlasta.

---

[303] *Libussa, op. cit.,* acte II, p. 23.
[304] *Ibid.,* acte V, p. 75.
[305] *Ibid.,* acte V, p. 75.

CONCLUSION : LIBUŠE VERSUS VLASTA

Par la théorisation du rapport métaphorique entre Etat et rapport des sexes, le dernier exemple de réécriture des légendes tchèques dont nous avons traité avec *Libussa* de Grillparzer légitime un examen critique des relations qu'entretiennent féminité et nationalité dans les représentations esthétiques et politiques, à une époque où l'idée de nation se forme et évolue. Il ne s'agit pas seulement de la constitution de différents modèles nationaux suite à la Révolution française, qui évoluerait dans le sens d'une conception toujours plus exclusive de la nation, parallèle à la politisation du mouvement romantique en Allemagne ; à cela répond, dans une certaine mesure, l'idée d'une patrie bohème qui apparaît en pays tchèques au cours de notre période. Il convient de prendre aussi en considération la question de l'insertion de telles nations dans un contexte européen et supranational, en particulier le positionnement tchèque par rapport à la prépondérance allemande. De même que le bohémisme propose une alternative au modèle national, des systèmes politiques originaux tentent de répondre à une telle concurrence des peuples au niveau européen. Grillparzer est le seul auteur de notre corpus qui illustre le modèle *impérial*. En 1848, František Palacký défend quant à lui la solution de compromis qu'est l'austroslavisme.

La radicalisation des conflits nationaux avec le printemps des peuples souligne la réelle domination culturelle et politique des populations allemandes, due dans une large mesure à la constitution précoce des populations germaniques en nation, par rapport aux peuples slaves. La question n'est donc pas tellement que ce soient des auteurs germanophones qui, au XIX° siècle, aient réécrits les premiers les légendes tchèques, puisque la pièce perdue de Thám *Vlasta a Šárka* et surtout l'épopée de Hněvkovský fourniraient des contre-exemples ; mais plutôt que la constitution de ces légendes en mythe national se soit faite sur des modèles germaniques (ou contre eux), écartant *de facto* les premières réécritures tchèques du corpus canonique. Il n'est pas fortuit que les deux auteurs tchèques cités aient traité de Vlasta, alors que c'est le personnage de Libuše que l'éveil national tchèque promeut à terme au rang de mythe national : on a pu observer un premier tournant avec la pièce de Brentano et, à sa suite, le manuscrit de Zelená hora. Or, l'analyse de la plupart des auteurs de notre « Vormärz » montre, chez Brentano au premier chef, que Vlasta apparaissait comme un sujet *national* bien davantage que Libuše[306].

Que cette image ait été produite dans un contexte germanique ne fait aucun doute si l'on considère les représentations du peuple slave qui avaient cours dans la littérature allemande : l'Amazone correspondait d'autant mieux à une féminité nationale tchèque que la Bohême était un

---

[306] Nous pensons en particulier à Hněvkovský, Woltmann, Gerle, Van der Velde, Ebert, Kolař et Mundt. A l'exception de Hněvkovský, ce sont tous des auteurs de langue allemande.

espace intermédiaire entre Slaves et Allemands. Aussi Vlasta est-elle toute indiquée par son « androgynie » pour être l'héroïne bohémiste d'Ebert. Du côté tchèque, l'exemple de la Libuše amazone de Kolař prouve une contamination, pour ainsi dire, des modèles nationaux. A un modèle national ambivalent correspond donc une féminité ambivalente, alors que la constitution de Libuše en emblème national privilégie une féminité univoque (la « mère » de la nation), ainsi qu'un modèle national exclusivement tchèque. Non seulement un tel modèle s'est constitué d'abord en Allemagne, mais il entérine l'asservissement politique que les commentateurs critiquent le plus souvent au sujet du conflit des sexes. Ce faisant, les Tchèques ignorent le discours de la liberté qu'incarne Vlasta, textuellement dans le cas de Hněvkovský. On peut dire à ce titre que Vlasta est un personnage *refoulé* de l'histoire tchèque.

En employant la notion de refoulement, nous n'entendons pas nous risquer à une psychologie des peuples ; mais souligner que le processus décrit coïncide avec la psychologisation du sujet dans la littérature du XIX° siècle et que la disqualification de Vlasta se joue au niveau de la sexuation des personnages. La différenciation de Libuše et de Vlasta est bien sûr de nature idéologique, puisqu'elle constitue un système de conceptions et de représentations qui confortent en réalité la domination germanique. La reprise de cette idéologie allemande dans le contexte tchèque ne pouvait se faire que dans les termes ambigus qui sont ceux de la constitution de Libuše en mythe national, dont Vlasta est la première victime. Avec Vlasta, c'est aussi dans une large mesure l'idée d'une épopée nationale qui est abandonnée au profit de l'utopie et parfois de l'idylle. Nous rejoignons sur ce point l'analyse de Bernard Michel : « Des Tchèques ont été héroïques mais il n'y a pas de culte tchèque de l'héroïsme »[307]. On peut avancer à ce sujet que la différenciation de nos deux personnages correspond aussi à une séparation des genres littéraires, la poésie lyrique étant davantage réservée à Libuše, l'épopée et le roman à Vlasta : les textes de notre période qui traitent de Libuše sous forme romanesque sont soit des nouvelles, soit des contes.

Ces conclusions permettent d'esquisser quelques perspectives sur la période qui suit. *Český sen* de Macura comporte certes un chapitre sur Libuše, « Le rêve de Libuše » ; mais aussi un chapitre intitulé « Le rêve de l'Amazone »[308]. Si l'Amazone compte selon lui parmi les personnages représentatifs de la culture et de l'histoire tchèques, le cliché ne s'en développe qu'à la faveur du printemps des peuples, avec les récits portant sur des femmes combattant sur les barricades. On remarquera d'abord que ces figures de combattantes tchèques suivent d'une quarantaine d'années les combattantes allemandes des guerres de libération. En outre, la référence à la guerre des femmes ne joue dans ce contexte qu'un rôle lointain : Macura insiste avant tout sur la parodie avec la pièce viennoise déjà évoquée *Die böhmische Amazone Wlastl* (1841), pour montrer la dépréciation du

---

[307] MICHEL, Bernard, *La mémoire de Prague*, Perrin, Paris, 1986, p. 46.
[308] *Český sen, op. cit.* : « *Sen o Libuši* » (p. 88-96) et « *Sen o Amazonce* » (p. 78-87).

sujet dans les années 1840. Le chapitre montre du reste que la représentation des filles révolutionnaires dans la littérature tchèque autour de 1848 reste prudente : elle témoigne d'une gêne semblable à celle qu'on a pu observer dans la représentation de Vlasta, en ce qui concerne l'émancipation des femmes. Cette récurrence de l'imagerie des femmes guerrières à la fin de notre période ne signifie donc pas nécessairement un renouvellement du traitement du sujet.

En revanche, deux textes prouvent un renouveau du personnage de Libuše dès après 1848. Il s'agit d'un manuscrit ayant trait à la prophétie de Libuše, publié par Hanka en 1849[309] ; et du recueil de poèmes *Kytice* [« Le bouquet »] de Karel Jaromír Erben (poète romantique et philologue, 1811-1877), en 1853. En effet, les deux textes traitent du motif de la prophétie et interrogent par là la fondation, voire la refondation de la nation. Dans sa notice, Erben fait la remarque suivante : « *Il est mémorable,* commentent les notes de l'auteur, *que les Tchèques, depuis qu'ils existent, se complaisent dans les prophéties qui concernent leur pays. Déjà la mère de l'engeance de Přemysl, Libuše, est décrite dans la chronique de Cosma comme la prophétesse de son peuple [...]. En outre, on trouve bon nombre de légendes de moindre ampleur et certaines évocations locales, dispersées dans le pays, à travers lesquelles on pense pouvoir pour ainsi dire sonder à l'avance le destin de notre patrie.* »[310] L'auteur prend notamment pour exemple une prophétie sur le règne de Charles IV, auquel se réfère aussi bien le manuscrit de Hanka, puisqu'il s'agit d'une traduction d'un passage de la chronique de Marignola. Les deux textes allèguent le renouveau du XIV° siècle. Cela ne va pas sans germanophobie, puisque le manuscrit traduit « *abnuet extremos* » par « *rozežene Němce* » (« il chassera les Allemands »).

Par leur démarche philologique, Hanka comme Erben ancrent le personnage de Libuše, l'un dans l'histoire nationale, l'autre dans la conscience populaire. Le recueil d'Erben est titré *Kytice z pověstí národních*, qu'on pourrait traduire par « recueil de légendes nationales » ou « populaires ». L'auteur en a recommencé dès 1830 le recollement, dans la tradition romantique. La récurrence chez Erben du motif du bain de Libuše, que l'on ne trouve d'abord que dans le romantisme allemand (notamment chez Brentano), montre que ce travail constitue bien un pendant à de semblables entreprises dans la littérature germanophone :

En bas, sous le château, un charmant édifice –
Les bains de la princesse, construits sur la rivière ;

---

[309] Il s'agirait encore d'un faux. Macura renvoie dans son ouvrage *Znamení zrodu* aux articles de Bedřich Václavek, « Nové « falsum » Hankovo », in *Časopis pro moderní filologii*, 1939, 25, p. 157-160 ; et de Stanislav Souček, « Dvě pozdní mystifikace Hankovy », *Rozpravy české akademie věd a umění*, Třída III, Prague 1924, numéro 59.
[310] ERBEN, Karel Jaromír, *Kytice - Un bouquet (Un bouquet de légendes tchèques (Kytice z pověstí národních, première édition, 1853). Un bouquet de poèmes de K.J. Erben (Kytice z básní K.J. Erbena, deuxième édition, 1861).* Edition bilingue, traduction du tchèque en français d'après la deuxième édition, travaux de l'Atelier de traduction littéraire de la section de tchèque, UFR d'Etudes slaves, ed. Xavier Galmiche – Arnault Maréchal, Université de Paris-Sorbonne (Paris IV), année universitaire 1999-2000, p. 195.

J'ai vu la princesse au noble visage

En costume d'argent resplendissant. [311]

A la redécouverte allemande de Libuše correspondrait donc après 1848 sa redécouverte par le peuple tchèque. De fait, l'influence littéraire du manuscrit de Zelená hora s'instaure principalement dans la seconde moitié du XIX° siècle, avec notamment la pièce de Josef Václav Frič *Libušín soud* et l'opéra de Bedřich Smetana *Libuše*. On retrouve d'ailleurs au sujet de cet opéra la querelle germano-tchèque : l'étude de Murko *Deutsche Einflüsse auf die Anfänge der böhmischen Romantik* (1897) rappelle avec insistance l'opéra de Conradin Kreutzer, sans faire mention de Škroup parmi les compositeurs qui ont traité du sujet avant Smetana.

Dans son étude du livret de Josef Wenzig pour l'opéra de Smetana, Otakar Fischer mentionne un poème dramatique du même auteur intitulé *Vlasta,* datant de 1836. Wenzig fait partie des auteurs de langue allemande qui, après 1848, écrivent aussi en tchèque, bien que le livret de *Libuše* ait dû faire l'objet d'une traduction. Entre le poème aujourd'hui perdu sur Vlasta à l'opéra de Smetana, le changement de sujet est symbolique de l'évolution qu'ont connue les deux personnages dans la littérature bohème du XIX° siècle. Le personnage de Vlasta ne disparaît évidemment pas de la littérature tchèque d'après 1848, mais il échoue à constituer une tradition littéraire comme c'est le cas de Libuše. Qui plus est, le personnage de Šárka lui fait concurrence, comme le montrent la version de 1852 des *Filles de Sláva* de Kollár ou encore le texte anonyme de 1864 *Vlasta a Šárka vudkyně českých Amazonek* [« Vlasta et Šárka, meneuses des Amazones tchèques »]. Le recueil de Vrchlický *Mythy* (1876) s'ouvre sur un poème intitulé « Šárka », qui donne des héroïnes tchèques une vision particulièrement dégradée ; ce n'est pas le cas dans les opéras de Janáček (1887) et de Fibich (1897) tous deux intitulés *Šárka*.

En 1875, le drame *Wlasta oder Der Mägdekrieg*, de Friedrich Carl Schubert (1832-1892), constitue assurément un contre-exemple dans la littérature de langue allemande, en particulier par son ouverture, qui met en scène une confrontation de Libuše et de Vlasta, telle qu'on en trouve rarement dans toute la littérature du XIX° siècle. L'issue de cette confrontation est d'autant plus originale qu'elle représente l'humiliation du personnage de Libuše devant Vlasta : *« Wie klein erschein' ich neben ihre Größe ! »*[312] reconnaît alors la souveraine elle-même. Schubert reprend le thème de la rivalité amoureuse des deux femmes, mais c'est sur la question paradigmatique de la virginité que porte le différend : l'intransigeance du vœu de Vlasta fait la grandeur du personnage. Un certain modèle de féminité est donc enjeu du débat entre l'héroïne et une Libuše devenue mythe national : il est en effet clair que l'auteur se livre à une déconstruction rétrospective du mythe, citant

---

[311] *Ibid.*, p. 173.
[312] SCHUBERT, Friedrich Carl, *Wlasta oder der Mägdekrieg*, Oswald Muße (éd.), Leipzig [s.a.], acte I, scène 2, p. 8.

à l'occasion les œuvres de Van der Velde (« *Ctirad, sagt man, sucht Hilfe bei den Ungarn* »[313]) et d'Ebert (la prise en otage de Nezamislav et le repentir de Vlasta). La scène ou Libuše jalouse tente de faire assassiner Vlasta vaut dès lors chez Friedrich Carl Schubert comme un *signe* de la littérature de XIX° siècle, mais sans doute aussi des apories de la construction nationale, qu'elle reflète[314].

Néanmoins les aspects de subversion et de jeux avec les conventions qu'on peut lire dans ce texte ne font que souligner les canons qui ont été définis au cours de la période que nous avons considérée et notamment le statut auquel a atteint la prophétesse Libuše, dans la perspective d'une *histoire* politique tchèque que Vlasta paraissait d'abord mieux devoir prendre en charge. L'aspiration à une épopée nationale répondait ainsi à la volonté des Tchèques de se constituer en « peuple historique », selon le souci que l'on retrouve notamment chez Palacký, en introduction de *Würdigung der alten böhmischen Geschichtsschreiber* : « *ein wahrhaft historisches Volk hört entweder auf zu sein, oder es sichert sich seine historische Bedeutung.* »[315] Or les formes de l'épopée classique (chez Hněvkovský, par exemple), des romans médiévaux (Ebert) ou même troubadours (Van der Velde), qui prévalaient dans le traitement de la *geste* de Vlasta, s'effacent, en même temps que le personnage, au profit des *tableaux* qui caractérisent, depuis le manuscrit de Zelená hora, la représentation teintée d'hiératisme de Libuše. L'histoire de la littérature au XIX° siècle montre néanmoins, davantage qu'une coïncidence de forme, un lien intime du personnage de Vlasta avec le mouvement de l'Eveil national tchèque.

Cependant, cette figure plus ambivalente que la Libuše « mère de la nation » est à considérer en relation avec une littérature allemande en Pays tchèques, une littérature bohême dont Schubert est encore une résurgence. Comme telle, sa « Vlasta » réagit au processus de nationalisation des motifs légendaires. Libuše présente en revanche des caractères plus simples tant par sa sexuation que par sa détermination nationale. Elle est *femme* (*Weib*) de manière plus univoque : son statut acquis de mythe national tchèque confirme *de facto* la typologie allemande de la fin du XVIII° siècle et du début du XIX°, où la féminité caractérisait le monde slave, par contraste avec le mythe de l'*homme* allemand. D'autre part, cette simplification des rapports correspond bien à une conception plus exclusive de la nation, déjà à l'œuvre dans la mise en scène de Libuše mère des Tchèques, chez Chmelenský. Aussi celle-ci incarne-t-elle un modèle national plus simple, mais lui aussi hérité, dans une certaine mesure, de la culture allemande et notamment de l'invention romantique de la nation moderne. Ces modèles concurrents de féminité, entre la prophétesse et la

---

[313] *Ibid.,* acte V, scène 1, p. 92.
[314] Il s'agit de la scène 2 de l'acte II. Schubert est le seul auteur qui mette en scène un amour secret de Přemysl pour Vlasta : de manière significative, son mariage avec Libuše est un mariage d'intérêt. Le drame se termine avec le suicide de l'héroïne.
[315] PALACKÝ, František, *Würdigung der alten böhmischen Geschichtsschreiber*, A. Borrosch, Prague, 1830, p. VII.

guerrière, ont donc pour enjeu la définition géopolitique de l'espace bohême et centre-européen, dans la mesure où la différence des genres y recouvre des antagonismes nationaux.

TABLE DES MATIERES

 Johann Gottfried Herder, « Die Fürstentafel ».

ŠAFAŘIK, Pavel Josef et PALACKÝ, František, Die ältesten Denkmäler der böhmischen Sprache, *Kronberger et Riwnač, Prague, 1840. Texte du manuscrit de Zelená Hora avec sa traduction en latin et une traduction allemande par Václav Alois Svoboda.*

BIBLIOGRAPHIE

Chroniques et traductions

BROM, Vlastimil (éd.), *Di tutsch kronik von Behem lant : die gereimte deutsche Übersetzung der alttschechischen Dalimil-Chronik*, Masaryková Univerzita, Brno, 2009.

COSMAS de Prague, *Chronicon Bohemorum, ad fidem codicis ms. bibliothecae capituli ecclesiae metropolitanae Pragensis recensitum*, Prague, 1783.

COSMAS de Prague, *Die Chronik Böhmens*, trad. Huf, Franz ; Phaidon, Essen, 1987.

COSMAS de Prague, *Kronika Čechů* [« Chronique des Tchèques »], trad. Hrdina, Karel ; Argo, Prague, 2011.

DOBNER, Gelasius, *Wenceslai Hagek a Liboczan, Annales Bohemorum e bohemica editione latine redditi*, Kirchner, Prague, 1761.

HÁJEK Z LIBOČAN, Václav, *Kronyka Czeska*, [Pracy Seweryna Mladssijho a Ondrzege Kubsse], Prague 1541.

Kronika tak řečeného Dalimila [« Chronique du nommé Dalimil »], anonyme. Adaptation en tchèque moderne : Bláhová, Marie, Paseka, Prague-Litomyšl, 2005.

LEGER, Louis, *La Chronique tchèque de Dalimil, par Louis Léger*, Lacroix, Verboeckhoven & Cie., Paris, 1867.

MARIGNOLA, Johannes (de), *Chronicon,* in *Fontes rerum bohemicarum*, Prague, 1873, vol. 3.

SANDEL, Jaanes, *Wenceslai Hagecii von Libotschan Böhmische Chronik : vom Ursprung der Böhmen*, Fritsch, Leipzig, 1718.

TAUSSIG, Sylvie, *Cosmas de Prague : la Chronique de Bohême, traduction et commentaire*, mémoire sous la direction d'Alain Michel et de Vladimir Peška, Paris, 1990.

Sur les chroniques

ADDE, Eloïse, *La chronique de Dalimil et les débuts de l'historiographie nationale tchèque en langue vulgaire*, thèse sous la direction de Xavier Galmiche et de Jean-Philippe Genet, Paris, 2011.

GOLEMA, Martin, « Kosmova a Dalimilova « Divčí válka » ako metafora indoeurópskej vojny funkcií » [« La « guerre des filles » comme métaphore de la guerre des fonctions indoeuropéennes »], in Nebeský, Jiří (éd.), *Žena v české a slovenské literatuře* [« La femme dans les littératures tchèque et slovaque »], slezská univerzita v Opavě, [Opava, 2006], p. 14-34.

GRAUS, František, « Kirchliche und heidnische (magische) Komponenten der Stellung der Přemysliden : Přemyslensage und Wenzelideologie », in Graus, František et Ludat, Herbert (éd.), *Siedlung und Verfassung Böhmens in der Frühzeit*, Otto Harrassowitz, [Wiesbaden, 1967], p. 148-167.

KRAPPE, Alexandre, « La légende de Libuše et de Přemysl », in *Revue des études slaves*, Imprimerie nationale, [Paris, 1923], III, p. 86-90.

MICHEL, Bernard, *Histoire de Prague*, Fayard, Paris, 1998.

TŘEŠTÍK, Dušan, *Kosmová kronika, studie k počátkům českého dějepisectví a politického myšlení*, Academia, Prague, 1968.

Littérature et ouvrages critiques du XVIII° siècle

ANTON, Karl Gottlob, *Erste Linien eines Versuches über der alten Slaven Ursprung, Sitten, Gebräuche, Meinungen und Kentnissen*, Leipzig, 1783.

HERDER, Johann Gottfried, *Volkslieder II*, in *Werke*, éd. Baier, Ulrich, Deutscher Klassiker Verlag, Francfort, 1990, tome 3.

KAYSSAROW, Andrey (von), *Versuch einer slavischen Mythologie in alphabetischer Ordnung*, Göttingen, 1804.

MUSÄUS, Johann Karl August, *Volksmärchen der Deutschen*. Kaulfuss et Krammer, Vienne, 1825, vol. 3.

MUSÄUS, Johann Karl August, *Contes populaires allemands réunis et transcrits par Jean Charles Auguste Musäus*, Pardès, Puiseaux, 2000. Trad. J. Lefèvre.

STEINSBERG, Carl Franz Guolfinger Ritter (von), *Libusse, Herzogin in Böhmen, ein Schauspiel*, Prague, 1779.

Libuše dans la littérature du XIX° siècle

BERNARD, Josef Carl, *Libussa, romantische Oper in drey Aufzügen*, J.B. Wallishausser, Vienne, 1823.

BRENTANO, Clemens, « Die Entstehung und der Schluss des romantischen Schauspiels, die Gründung Prags, von Clemens Brentano an seine Freunde », in *Kronos. Eine Zeitschrift politischen, historischen und literarischen Inhalts*, éd. Bran [Prague, 1813], p. 79-93.

BRENTANO, Clemens, *Die Gründung Prags*. Conrad Adolph Hartleben, Leipzig/Pest, 1815.

CHMELENSKÝ, Josef Krasoslav, *Libussin Sňatek* [« Les noces de Libuše »], Jan Pospíšil, Prague, 1832.

ERBEN, Karel Jaromír, *Kytice - Un bouquet (Un bouquet de légendes tchèques (Kytice z pověstí národních, première édition, 1853). Un bouquet de poèmes de K.J. Erben (Kytice z básní K.J. Erbena, deuxième édition, 1861)*. Edition bilingue, traduction du tchèque en français d'après la deuxième édition, travaux de l'Atelier de traduction littéraire de la section de tchèque, UFR d'Etudes slaves, ed. Xavier Galmiche – Arnault Maréchal, Université de Paris-Sorbonne (Paris IV), année universitaire 1999-2000.

GRILLPARZER, Franz, *Libussa*. Edition originale : Cotta, Stuttgart, 1872. Edition utilisée : Reclam, Stuttgart, 1982.

JIRÁSEK, Alois, Staré pověsti české, Josef Vilímek, Prague, 1894. Edition utilisée : Odeon, 1970.

KOLLAR, Georg Josef (ou KOLAŘ, Josef Jiří), « Libussa am Mississipi », in Aloys Klar (éd.) *Libussa*, [Prague, 1842], I, p. 1-69.
KOLAŘ, Josef Jiří, *Libuše v Americe*, in Petra Hesová, Václav Říha et Václav Vaněk (éd.) *Staré a nové světy*, Pistorius & Olšanská, Prague, 2011.

LEGER, Louis, *Chants héroïques et chansons populaires des Slaves de Bohême*, Lacroix, Verboeckhoven & Cie, Paris, 1866.

MEINERT, Joseph Georg (éd.), *Libussa. Eine vaterländische Vierteljahrschrift*, Prague, 1802-1804.

ŠAFAŘIK, Pavel Josef et PALACKÝ, František, *Die ältesten Denkmäler der böhmischen Sprache*, Kronberger et Riwnač, Prague, 1840. Texte du manuscrit de Zelená Hora avec sa traduction en latin et une traduction allemande par Václav Alois Svoboda.

Vlasta dans la littérature du XIX° siècle

EBERT, Karl Egon, *Wlasta : Böhmisch-nationales Heldengedicht in drei Büchern*, Calve, Prague, 1829.

GERLE, Wolfgang Adolph, « Das Frauenregiment », in *Volksmärchen der Böhmen*, Calve, Prague, 1819.

HNĚVKOVSKÝ, Šebastian, *Děvín, báseň směssnohrdinská w dwanácti zpěwjch* [« *Děvín*, poème héroïcomique en douze chants »], František Jeřábek, Prague, 1805.

HNĚVKOVSKÝ, Šebastian, *Děvín, báseň romantickohrdinská v osmnácti zpěvích* [« *Děvín*, poème épique-romantique en dix-huit chants »], Knižecí arcibiskupská knihtiskárna, Prague, 1829.

MUNDT, Theodor, *Madonna. Unterhaltungen mit einer Heiligen*, Leipzig, 1835.

SCHUBERT, Friedrich Carl, *Wlasta oder der Mägdekrieg*, Oswald Muße (éd.), Leipzig [s.a.].

VELDE, Carl Franz (van der), *Der böhmische Mägdekrieg : ein Nachtstück aus dem zweiten Viertel des achten Jahrhunderts*, Arnoldische Buchhandlung, Dresde, 1826.

VELDE, Carl Franz (van der), *Wlaska, ou les Amazones de Bohême, roman traduit de l'allemand de E.* [sic] *F. Van der Velde par Léon***, traducteur de "La Belle-sœur", des "Invisibles", de "La Prison d'état", des "Patriciens", etc.*, Pigoreau, Paris, 1826, 3 vol. Trad. Léon Astoin.

VELDE, Carl Franz (van der), « La guerre des servantes », in *Romans historiques de C.F. van der Velde*, J. Renouard, Paris, 1830, vol. 3. Trad. A. Loèves-Veimars.

VELDE, Carl Franz (van der), *Diwčí bog. Powídka z druhé čtwrtě osmého století* [« La guerre des filles. Un récit du deuxième quart du huitième siècle »], Josef Fetterlow (éd.), Knižeci arcibiskupská knihtiskárna, Prague, 1832. Trad. Špinka, Václav.

Vlasta a Šárka, vudkyně českých Amazonek. Romantický příběh z davné starovékosti [« Vlasta et Šárka, meneuses des Amazones tchèques. Récit romantique des temps anciens »], anonyme, Pospisil, Pardubice, 1864.

WOLTMANN, Caroline (von), *Volkssagen von Böhmen*. Calve, Prague, 1815.

Autres textes et littérature du XIX° siècle

EICHHOFF, Frédéric Gustave, *Tableau de la littérature du nord au Moyen-âge, en Allemagne et en Angleterre, en Scandinavie et en Slavonie,* Didie et Cie, Paris, 1857.

HANKA, Václav, *Geschichte Böhmens in lithographisch ausgeführten Blättern / Děginy České : w kamenopisně wywedených obrazech*, Anton Machek, Prague, 1824, vol. 1.

GRILLPARZER, Franz, *Medea*, Reclam, Stuttgart, 1982.

GRILLPARZER, Franz, *Selbstbiographie und Bildnisse*, Ludwig Böck et Wilhelm Englmann, Vienne, 1923.

HEBBEL, Friedrich, *Die Nibelungen*, Reclam, Stuttgart, 1967.

JUNGMANN, Josef, *Slovník česko-německý* [« Dictionnaire tchèque-allemand »], Knižeci arcibiskupská knihtiskárna, Prague, 1836.

KLEIST, Heinrich (von), *Penthesilea*, Reclam, Stuttgart, 2001.

MUSSET, Alfred (de), *Fantasio*, in *Théâtre complet*, Gallimard, Bibliothèque de la Pléiade, Paris, 1990.

NOVALIS, *Heinrich von Ofterdingen*, Reclam, Stuttgart, 1965.

PALACKÝ, František, *Würdigung der alten böhmischen Geschichtsschreiber*, A. Borrosch, Prague, 1830.

PALACKÝ, František, *Geschichte von Böhmen*, Kronberger et Weber, Prague, 1836, vol. 1.

PALACKÝ, František, *Skizze einer Geschichte von Prag*, Odeon, Prague, 1983.

PALACKÝ, František, *Guide des étrangers à Prague,* ou *Précis d'histoire de Prague*, Weber, Prague, 1836.

PALACKÝ, František, *Dějiny národu českého w Čechách a w Morawě dle původních pramenůw* [« Histoire de la nation tchèque en Bohême et en Moravie, d'après les sources originales »], F. Tempský, Prague, 1876, livre I.

SCHILLER, Friedrich, *Wallenstein,* Deutscher Taschenbuch Verlag, Bibliothek der Erstausgaben, Munich, 2004.

SCHILLER, Friedrich, *Die Jungfrau von Orleans*, Deutscher Taschenbuch Verlag, Bibliothek der Erstausgaben, Munich, 2009.

Ouvrages critiques sur la littérature germanophone

DANES, Jean-Pierre, *La Bohême dans la littérature allemande du dix-neuvième siècle.* Titre provisoire, version inachevée, inédite.

GRIGOROVITSA, Emanuel, *Libussa in der deutschen Literatur*, Alexander Duncker, Berlin, 1901.

KÖSTER, Udo, « Frauenherrschaft, Zeitenwende -Über das Verhältnis von Mythos und Geschichte in Romantik und Vormärz am Beispiel der Bearbeitungen des Libussa-Stoffes bei Brentano, Ebert, Mundt und Grillparzer », in *Romantik und Vormärz. Zur Archäologie literarischer Kommunikation in der ersten Hälfte des 19. Jahrhunderts*, Aisthesis Verlag, [Bielefeld, 2003].

KAISER, Joachim, *Grillparzers dramatischer Stil*, Carl Hanser, Munich, 1961.

LAMPORT, Francis-James, « History, Myth and Psychology in *Libussa* and *Die Nibelungen* », in *From Perinet to Jelinek : britische und irische Studien zur deutschen Sprache und Literatur*, H.S. Reiss et W.E. Yates (éds.), [Oxford, 2001], XXVIII, p. 79-88.

LECLERC, Hélène, *Une littérature entre deux peuples : écrivains de langue allemande en Bohême 1815-1848*, Presses universitaires du Mirail, Université de Toulouse-Le Mirail, 2011.

MARTINI, Fritz, *Deutsche Literatur, von den Anfängen bis zur Gegenwart,* Alfred Körner Verlag, Stuttgart, 1991.

MATTHEY, Walther, *Die historischen Erzählungen des Carl Franz van der Velde (1779-1824)*, Kohlhammer, Stuttgart, 1928.

SCHMITZ, Walter, « Utraquismus als poetisches Programm : Karl Egon Eberts Nationalepos 'Wlasta' zwischen 'Romantik' und 'jungem Deutschland', in Höhne, Steffen et Ohme, Andreas (éd.), *Prozesse kultureller Integration und Desintegration : Deutsche, Tschechen, Böhmen im 19. Jahrhundert*, Oldenburgverlag, [Munich, 2005], p. 161-210.

WOLF-CIRIAN, Francis, *Grillparzers Frauengestalten*, Cotta, Stuttgart/Berlin, 1908.

Ouvrages critiques sur la littérature tchèque

FISCHER, Otakar, « K Smetanovým Librettům », in *Hudební Revue,* Hudební obor umělecké besedy, [Prague, 1915], VIII, n° 6.

KOSATÍK, Pavel, *České snění*, Torst, Prague, 2010.

LEHAR, Jan et STICH, Alexandr, *Česká literatura od počátků k dnešku,* Nakladatelství Lidové Noviny, Prague, 2002.

MACURA, Vladimír, *Znamení zrodu : České národní obrození jako kulturní typ,* H&H, Jihočany, 1995.

MACURA, Vladimír, *Český sen,* Lidové noviny, Prague, 1998.

MICHEL, Bernard, *La mémoire de Prague,* Perrin, Paris, 1986.

MURKO, Matthias, *Deutsche Einflüsse auf die Anfänge der böhmischen Romantik.* Styria, Graz, 1897.

OTRUBA, Mojmír (éd.), *Rukopisy královédvorský a zelenohorský. Dnešní stav poznaní*, Academia, Prague, 1969.

Ottův slovník naučný ve 28 svazcích, Ottovo nakladatelství, Prague, 1888-1908, tome XIV.

PISTORIUS, Jiří, *Amazones tchèques dans les littératures allemande et française,* traduit dans *Doba a slovesnost,* ed. Zuzana Jürgens et Jiří Pelán, Prague, Triáda, 2007.

ŠMAHELOVÁ, Hana, « Modely transformace ve vztazích mezi českou a německou literaturou v 19. století », in Tureček, Dalibor et Urválková, Zuzana (éd.), *Mezi texty a metodami : národní a univerzalní v české literatuře 19. století*, Periplum, Olomouc, 2006.

TUREČEK, Dalibor, « Amazonky na hranici humoru a travestie : české veselohry a vídeňská fraška », in Just, Vladimír (éd.), *Divadelní revue 1996*, Divadelní ústav v Praze, Prague, 1996.

Site de la société tchèque des manuscrits (*Česká společnost rukopisná*) : http://kix.fsv.cvut.cz/rkz/csr/

Histoire des femmes et études gender

FÜLLEBORN, Ulrich, « Der Gang der Zeit von Anfang : Frauenherrschaft als literarischer Mythos bei Kleist, Brentano und Grillparzer », in Kreutzer, Hans Joachim (éd.), *Kleist-Jahrbuch 1986*, Erich Schmidt Verlag, [Berlin, 1986], p. 63-81.

MALEČKOVÁ, Jitka, « Nationalizing woman and engedering the nation : the Czech national movement », in Blom, Ida, Hagemann, Karen et Hall, Catherine (éd.), *Gender Nations : nationalism and gender order in the long 19th century.* Berg, [Oxford, 2000], p. 293-310.

NEISSL, Julia, *« Anmutige Kriegerin und warmherzige Regentin » : Geschlechterpositionen in Kleist « Penthesilea » und Grillparzers « Libussa »,* sous la direction de Schmid, Sigrid, Salzbourg, 1997.

PLANERT, Ute, « Vater Staat und Mutter Germania : zur Politisierung des weiblichen Geschlechts im 19. und 20. Jahrhundert », in Planert, Ute, *Nation, Politik und Geschlecht : Frauenbewegungen und Nationalismus in der Moderne*, Campus, [Francfort, 2000], p. 15-65.

REEVES, William C. « The *Libussa* controversy : some thoughts on male dominance », in Pichl, Robert et Bernd, Clifford A. (éd.), *The other Vienna : the culture of Biedermeier in Austria*, Lehner, [Vienne, 2002], p. 63-70.

ROBERTSON, Ritchie, « On the threshold of patriarchy : Brentano, Grillparzer and the Bohemian Amazons », in *German life and letters*, Blackwell Publishers, [Oxford/Cambridge, 1993], XLVI, p. 202-219.

ANNEXES

Johann Gottfried Herder

30. Die Fürstentafel
Eine Böhmische Geschichte

Wer ist Jene, die auf grüner Haide
Sitzt in Mitte von zwölf edeln Herren?
Ist Libussa, ist des weisen Kroko
Weise Tochter, Böhmenlandes Fürstin,
Sitzet zu Gericht und sinnt und richtet.

Aber itzo spricht sie scharfes Urtheil
Rotzan, einem Reichen. Und der Reiche
Fähret auf im Grimme, schläget dreimal
Mit dem Speer den Boden und ruft also:

»Weh uns, Böhmen, weh uns, tapfre Männer!
Die ein Weib verjochet und betrüget,
Weib mit langem Haar und kurzen Sinnen –
Lieber sterben als dem Weibe dienen.«

Und Libussa hörts und ob es freilich
Tief sie kränkt in ihrem stillen Busen,
Denn des Landes Mutter, aller Guten
Und Gerechten Freundin war sie immer;
Dennoch lächelt sie und redet gütig:

»Weh denn euch, ihr Böhmen, tapfre Männer,
Daß ein lindes Weib euch liebt und richtet;
Sollet einen Mann zum Fürsten haben,
Einen Geyer statt der frommen Taube.«

Und stand auf voll schönen stillen Zornes,
»Morgen ist der Tag, wenn ich euch rufe,
Sollt ihr haben, was ihr wünschet.«
                                        Alle
Blieben stumm und tiefbeschämet stehen,
Fühlten alle, wie sie übel lohnten

Ihrer Treu' und Mutterlieb' und Weisheit;
Doch gesprochen wars und alle lüstern
Auf den Morgen, auf den Mann und Fürsten,
Gehn mit hellen Haufen auseinander.

Lange hatten viele reiche Herren
Nach Libussens Hand und Thron getrachtet,
Sie gelockt mit Schmuck und Schmeicheleien,
Reichem Gut und Heerden. Doch Libussa
Wollte nie sich Hand und Thron verkaufen.
Wen nun wird sie wählen? Alle Edlen
Schlafen unruhvoll und hoffen Morgen.

Morgen kommt. Die Seherin Libussa
Ist noch ohne Schlaf und ohne Schlummer,
Ist auf ihrem hohen heilgen Berge,
Fragt die Göttin *Klimba*, bis die Göttin
Endlich spricht und öfnet Reiches Zukunft:

»Auf! wohlauf Libussa, steige nieder,
Hinterm Berge dort, an Bila's Ufer
Soll dein weißes Roß den Fürsten finden,
Der Gemahl dir sey und Stammes Vater,
Fährt da emsig mit zwei weißen Stieren,
In der Hand die Rute seines Stammes
Und hält Tafel da auf eiserm Tische.
Eile, Tochter, Schicksalsstunde eilet.«

Schwieg die Göttin und Libussa eilet,
Sammlet ihre Böhmen, legt die Krone
Nieder auf die Erde und spricht also:

»Auf! wohlauf ihr Böhmen, tapfre Männer,
Hinterm Berge dort, an Bila's Ufer
Soll mein weißes Roß den Fürsten finden,
Der Gemahl mir sey und Stammes Vater,
Fährt da emsig mit zwei weißen Stieren,
In der Hand die Rute seines Stammes,

Und hält Tafel da auf eiserm Tische.
Eilet, Kinder, Schicksalsstunde eilet.«

Und sie eilten, nahmen Kron' und Mantel
Und das Roß vor ihnen, wie der Wind schnell,
Und ein weißer Adler über ihnen –
Bis an Bila's Ufern überm Berge
Stand das Roß und wiehert einem Manne,
Der den Acker pflüget. Tiefverwundert
Stehen sie. Er schreitet in Gedanken,
Pflüget emsig mit zwei weißen Stieren,
In der Rechten eine dürre Rute.

Und sie boten laut ihm guten Morgen.
Stärker treibt er seine weiße Stiere,
Höret nicht. »Sey uns gegrüßet, Fremder,
Du der Götter Liebling, unser König!«
Treten zu ihm, legen ihm den Mantel
Um die Schulter und die Königskrone
Auf sein Haupt. »O hättet ihr mich immer
Pflügend meinen Acker lassen enden!
Spricht er, eurem Reiche sollts nicht schaden –
Doch es ist des schnellen Schicksals Stunde.«

Und steckt ein die Rute in die Erde,
Band die weißen Stiere los vom Pfluge:
»Geht, woher ihr kamet!« Plötzlich hoben
Sich die weißen Stiere in die Luft hin,
Gingen ein zu jenem nahen Berge,
Der sich schloß und aus ihm sprang ein faules
Wasser, das noch jetzo springet. Plötzlich
Grünete die Rute aus dem Boden,
Sprießet oben in drei Zweige. Staunend
Sehn sie Alles. Und Przemysl, der Denker,
(Also war sein Name) kehrt den Pflug um,
Langet Käs' und Brod aus seiner Tasche,
Heißt sie niedersitzen auf die Erde,
Legt die Mahlzeit auf den Pflug mit Eisen,

»Haltet denn mit eurem Fürsten Tafel.«

Und sie staunen ob des Schicksalspruches
Wahrheit, sehn den Eisentisch vor ihnen
Und die Rute grünen. Und o Wunder,
Schnell vertrocknen zwei der dreien Zweigen
Und der dritte blühet. Endlich können
Sie nicht schweigen, und der Pflüger redet:
»Staunet nicht, ihr Freunde, diese Blüte
Ist mein Königsstamm. Es werden viele
Wollen herrschen und verdorren. Einer
Wird nur König seyn und blühen.«
                                    »Aber
Herr, wozu der sondre Tisch von Eisen?«
»Und ihr wisset nicht, auf welchem Tische
Stets ein König isset. Eisen ist er,
Ihr die Stiere, die sein Brod ihm pflügen.«

»Aber Herr, ihr pflüget so emsig,
Zürnetet, den Acker nicht zu enden?«
»O hätt' ich ihn enden können, hätte
Euch Libussa später mir gesendet;
Niemals würde dann, so spricht das Schicksal,
Eurem Reiche süsse Frucht ermangeln.
In den Bergen sind nun meine Stiere.«

Damit stand er auf und stieg aufs schöne
Weiße Roß, das scharrt und triumphiret.
Seine Schuhe waren Lindenrinde
Und mit Bast von seiner Hand genähet.
Und sie legen an ihm Fürstenschuhe.
»Lasset, ruft der Fürst vom weißen Rosse,
Laßt mir meine Schuh von Lindenrinde,
Und mit Bast von meiner Hand genähet,
Daß es meine Söhn' und Enkel sehen,
Wie ihr Königsvater einst gegangen!«
Küßt die Schuh und barg sie in den Busen.

Und sie reiten und er spricht so gütig
Und so weise, daß in seinem langen
Kleide sie fast einen Gott erblickten.

Und sie kamen zu Libussens Hofe,
Die ihn froh empfieng mit ihren Jungfraun,
Und das Volk, es rief ihn aus zum Fürsten,
Und Libussa wählt ihn sich zum Gatten,
Und regierten gut und froh und lange,
Gaben trefliche Gesetz' und Rechte,
Bauten Städte und die Rute blühte,
Und die Schuhe blieben Angedenken,
Und die Pflugschaar säumte nicht, so lange
Primislaus und Libussa lebten.

                              *

Weh ach weh, die Rute ist verdorret,
Und die armen Schuhe sind gestohlen,
Und der Eisentisch ist güldne Tafel.

Pavel Josef ŠAFAŘIK et František PALACKÝ, *Die ältesten Denkmäler der böhmischen Sprache*, Kronberger et Riwnač, Prague, 1840. Texte du manuscrit de Zelená Hora avec sa traduction en latin et une traduction allemande par Václav Alois Svoboda.

2. Der Text neuorthographirt mit lateinischer Interlinear-Version.

	Quivis	pater	suae	familiae	imperat :	
1.	Vsiak	ot	svej	čeliedi	vojevodi:	
	Viri	arant,	feminae	vestes	parant :	
2.	Mużie	pašu,	ženy	ruby	stroja:	
	Et	si moritur	caput	familias,		
3.	I	umre li	glava	čeliedina,		
	Líberi	omnes	tunc	re	in	unum	potiuntur,
4.	Děti	vsie	tu	sbožiem	v	jedno	vladu,
	Vladykam	sibi	ex	gente	eligentes,	
5.	Vladyku	si	z	roda	vyberuce,	
	Qui	utilitatis causa	(in)	comitia	celebria	adit,
6.	Ky	pl'znie dlie	v	sniemy	slavny	chodi,
	Adit	cum	kmetonibus,	cum	lechis,	vladycis.
7.	Chodi	s	kmetmi,	s	lěchy,	vladykami.
	Adsurrexerunt	kmetones,	lechi	et	vladycae,	
8.	Vstachu	kmetie,	lèsi	i	vladyky,	
	Sanxerunt		jus	secundum	legem.	
9.	Pochvalichu	pravdu	po	zakonu.		
	En	Vltava,	quid	turbas	aquam?	
10.	Ai	Vl'tavo,	če	mutiši	vodu?	
	Quid	turbas	aquam	argentospumeam?		
11.	Če	mutiši	vodu	strebropěnu?		
	An	te	saeva	exasperavit	procella,	
12.	Za	tie	liuta	rozvlajaše	buria,	
	Deturbans	nimbos	lati	coeli,		
13.	Sesypavši	tuču	šira	neba,		
	Abluens	capita	montium	viridium,		
14.	Opłakavši	glavy	gor	zelenych,		
	Eluens	auroarenosum	limum?			
15.	Vyplakavši	zlatopěsku	glinu?			
	Qui		ego	aquam	non turbem,	
16.	Kako	bych	jaz	vody	nemutila,	
	Dum	invicem	litigant	germani	fratres,	
17.	Kegdy	sie	vadita	rodna	bratry	
	Germani	fratres	de	agris	patriis?	
18.	Rodna	bratry	o	dědiny	otne ?	
	Litigant		saeve	inter	se	
19.	Vadita	sie	kruto	mezu	sobu	
	Ferus	Chrudossus	ad	Otavam	curvam,	
20.	Liuty	Chrudoš	na	Otavě	krivě,	

Ad   Otavam   curvam   auriferam,
21. Na   Otavě   krivě   zlatonosně,

Staglavus   fortis   ad   Radbuzam   gelidam,
22. Stiaglav   chraber   na   Radbuzě   chladně,

Ambo   fratres,   ambo   Clenidae,
23. Oba   bratry,   oba   Klenovica,

Gente   prisca   Tetvae   Popelidae,
24. Roda   stara   Tetvy   Popelova,

Qui   venit   cum   catervis   cum   Cechiis
25. Jen-že   pride   s   pľky   s   Čechovymi

In   hasce   opimas   terras   trans   tres   amnes.
26. V   sie-že   žirne   vlasti   prěs   tri   rěky.

Advolavit   socia   hirundo,
27. Priletěše   družna   vlastovica,

Advolavit   ab   Otava   curva,
28. Priletěše   ot   Otavy   krivy,

Consedit   in   fenestella   patula
29. Siede   na   okence   rozložito

In   Liubussae   patria   aurea   sede,
30. V   Liubušině   otně   zlatě   sědlě,

Sede   patria,   sancta   Acropoli,
31. Sědlě   otně,   svietě   Vyšegradě,

Ejulat   et   queritur   moeste.
32. Běduje   i   naricaje   mutno.

Dum   id   audiit   illorum   germana   soror,
33. Kdy   se   slyše   jeju   rodna   sestra,

Germana   soror   in   Liubussae   aula,
34. Rodna   sestra   v   Liubušině   dvorě,

Rogavit   dominam   intra   Acropolim
35. Sprosi   kniežnu   utr   Vyšegradě

In   causae discrimen   ponere   judicium,
36. Na   popravu   ustaviti   pravdu,

Et   citare   fratres   ejus   ambos,
37. I   pognati   bratry   jeja   oba,

Et   jus dicere   illis   secundum   legem.
38. I   suditi   ima   po   zakonu.

39.
Jubet   domina   dimitti   nantios
Kaže   kniežna   vypraviti   posly

40.
Ad   Suatoslavum   a   Liubica   alba,
Po   Svatoslav   ot   Liubice   bèle,

41.
Ubi   sunt   querceta   juvenantia,
Ide-že   su   dubraviny   une,

42.
Ad   Liutoborum   de   Dobroslavio   monte,
Po   Liutobor   s   Dobroslavska   chl'mca,

43.
Ubi   Orliciam   Albis   haurit,
Ide-že   Orlicu   Labe   pije,

44.
Ad   Ratiborum   de   montibus   Sudetis,
Po   Ratibor   ot   gor   Kr'konoši,

45.
Ubi   Trut   delevit   hydram   feram,
Ide-že   Trut   pogubi   san'   liutu,

46.
Ad   Radovanum   de   Saxeo   Ponte,
Po   Radovan   ot   Kamena   Mosta,

47.
Ad   Jarotirum   de   montibus   undifluis,
Po   Jarožir   ot   br'd   vl'torečnych,

48.
Ad   Strezihorum   de   Sazava   limpida,
Po   Strezibor   ot   Sazavy   ladny,

49.
Ad   Samorodum   de   Misa   argentifera,
Po   Samorod   se   Mže   strebronosne,

50.
Ad   omnes   kmetones,   lechos   et   vladycas,
Po   vsie   kmeti,   lèchy   i   vladyky,

51.
Et   ad   Chrudossum   et   ad   Staglavum   fratres,
I   po   Chrudoš   i   po   Stiaglav   bratry

52.
Litigantes   de   agris   patriis.
Rozvądiema   o   dèdiny   otne.

53.
Dum   convenerunt   lechi   et   vladycae,
Kda   sie   sniechu   lèsi   i   vladyky,

54.
In   Acropoli . . . .
V   Vyšegradè . . . .

55.
Quilibet   se consistit   secundum nativitatem   suam :
Prokni   stupi   rozenia dlie   svego:

56.
Adscendit   domina   in   albe candente   palla,
Stupi   kniežna   v   bèlestvuci   rizè,

Adscendit in solium patrium in celebri comitio:
57. Stupi na stol oten v slavně sniemě:

duae sagaces virgines,
58. . . . . . dvě věglasně děvě

Edoctae scientias judiciales:
59. Vyučeně věsčbam vitiezovym:

Ad alteram sunt tabulae legislatoriae,
60. U jednej su desky pravdodatne,

Ad alteram ensis injurias ulciscens,
61. U vtorej meč krivdy karajuci,

Ex adverso illis ignis juris nuntius,
62. Protiv ima plamen' pravdozvěsten,

Et sub illis sancte purgans aqua.
63. I pod nima svatocudna voda.

Occipit domina de patrio aureo solio:
64. Počie kniežna s otna zlata stola:

Mei kmetones, lechi et vladycae!
65. Moji kmetie, lěsi i vladyky!

En fratribus decernite jus,
66. Se bratroma rozrěšite pravdu,

Qui litigant de agris,
67. Ja-že vadita sie o dědiny,

De agris patriis inter se.
68. O dědiny otne mezu sobu.

Secundum legem aeternum viventium deorum
69. Po zakonu věkožiznych bogov

Sunt illis ambo in unum potitari,
70. Budeta im oba v jedno vlasti,

Aut inter se dividant aequali portione.
71. Ći sie rozdělita rovnu měru.

Mei kmetones, lechi et vladycae!
72. Moji kmetie, lěsi i vladyky!

Decernite mea edicta,
73. Rozrěšite moje vypovědi,

Si erunt apud vos ad mentem:
74. Budetě li u vas po rozumu:

75.
Si non erunt	apud	vos	ad	mentem,
Nebudetě-l'	u	vas	po	rozumu,

76.
Statuite	illis	novam	sententiam,
Ustavite	ima	novy	nalez,

77.
Quae	concíliet	litigantes	fratres.
Ky by	směril	rozvadiena	bratry.

78.
Adclinarunt	se	lechi	et	vladycae,
Klaniechu	sie	lěsi	i	vladyky,

79
Et	occeperunt	submisse	colloqui,
I	počiechu	ticho	govoriti,

80.
Colloqui	submisse	inter	se,
Govoriti	ticho	mezu	sobu,

81.
Et	comprobare	edicta	ejus.
I	chvaliti	vypovědi	jeje.

82.
Exsurrexit	Liutoborus	de	Dobroslavio	monte,
Vsta	Liutobor	s	Dobroslavska	chl'mca,

83.
Occipit	tale	dictum	effari:
Je	sie	tako	slovo	govoriti.

84.
Inclyta	domina	de	patrio	aureo	solio!
Slavna	kniežno	s	otna	zlata	stola!

85.
Edicta	tua	perpendimus:
Vypovědi	tvoje	rozmysliechom:

86.
Collige	suffragia	per	populum	tuum.
Seber	glasy	po	narodu	svemu.

87.
Et	legerunt	suffragia	virgines	judiciales,
I	sebrastě	glasy	děvě	sudně,

88.
Colligebant	ea	in	urnam	sanctam,
Sbierastě	je	u	osudie	svate,

89.
Et	dederunt	ea	lechis	promulganda.
I	dastě	je	lěchom	provolati.

90.
Exsurrexit	Radovanus	de	Saxeo	Ponte,
Vsta	Radovan	ot	Kamena	Mosta,

91.
Occipit	suffragia	numero	dispicere,
Je	sie	glasy	čislem	prěgliedati,

92.
Et	majoritatem	provocare	in	populum,
I	viečinu	provolati	v	narod,

93. | In | populum | ad | judicandum | in | comitum | collectum: |
|---|---|---|---|---|---|---|
| V | narod | k | rozsuzeniu | na | sniem | sboren: |

94. | Ambo | germani | fratres | Klenidae, |
|---|---|---|---|
| Oba | rodna | bratry | Klenovica, |

95. | Gente | prisca | Tetvae | Popelidae, |
|---|---|---|---|
| Roda | stara | Tetvy | Popelova, |

96. | Qui | venit | cum | catervis | cum | Čechiis |
|---|---|---|---|---|---|
| Jen-že | pride | s | pľky | s | Čechovymi |

97. | In | hasce | opimas | terras | trans | tres | amnes, |
|---|---|---|---|---|---|---|
| V | sie-že | žirne | vlasti | prěs | tri | rěky, |

98. | Convenietis | ita | de | patrimonio, |
|---|---|---|---|
| Směrita | sie | tako | o | dědiny, |

99. | Estis | illo | ambo | in | unum | potituri. |
|---|---|---|---|---|---|
| Budeta | im | oba | v | jedno | vlasti. |

100. | Exsurrexit | Chrudossius | de | Otava | curva, |
|---|---|---|---|---|
| Vstanu | Chrudoš | ot | Otavy | krivy, |

101. | Bilis | illi | perfundebatur | per | viscera, |
|---|---|---|---|---|
| Žľč | sie | jemu | rozli | po | utrobě, |

102. | Tremebant | furore | omnes | artus, |
|---|---|---|---|
| Trasechu | sie | liutostiu | vsi | udi, |

103. | Quassavit | manum, | fremebat | validi (instar) | tauri: |
|---|---|---|---|---|
| Machnu | ruku, | zarve | jarym | turem: |

104. | Vae | pullis, | ad | quos | vipera | penetrat, |
|---|---|---|---|---|---|
| Gore | ptencem, | k | nim-že | zmija | vnori, |

105. | Vae | viris, | quibus | femina | imperat! |
|---|---|---|---|---|
| Gore | mužem, | im-že | žena | vlade! |

106. | Viro | imperare | viris | consentaneum: |
|---|---|---|---|
| Mužu | vlasti | mužem | zapodobno: |

107. | Primogenito | patrimonium | dare | jus (est). |
|---|---|---|---|
| Pr'vencu | dědinu | dati | pravda. |

108. | Exsurrexit | Liubussa | de | patrio | aureo | solio, |
|---|---|---|---|---|---|
| Vsta | Liubuša | s | otna | zlata | stola, |

109. | Inquit: | kmetones, | lechi | et | vladycae! |
|---|---|---|---|---|
| Vece: | kmetie, | lěsi | i | vladyky! |

110. | Audistis | hic | contumeliam | meam: |
|---|---|---|---|
| Slyšeste | zde | poganienie | moje: |

Judicate	ipsi	juxta	legem	jus,
111. Sud'te	sami	po	zàkonu	pravdu,

Jam	non	vobis	dijudicabo	lites.
112. U	nebudu	vam	suditi	svady.

Eligite	virum	inter	vos	aequalem,
113. Vol'te	muža	mezu	sobu	rovna,

Qui	imperet	vobis		ferro . .
114. Ky by	vladl	vam	po	želězu . .

Virginea	manus	in	vos	ad	imperium	debilis.
.115. Dĕvče	ruka	na	vy	k	vladĕ	slaba.

Exsurrexit	Ratiboras	de	montibus	Sudetis,
116. Vsta	Ratibor	ot	gor	Kr'konoši,

Occipit	tale	dictum	effari :
117. Je sie	tako	slovo	govoriti :

Inglorium	nobis	in	Germanis	quaerere	jus :
118. Nechvalno	nam	v	Nĕmcĕch	iskat'	pravdu :

Apud	nos (est)	jus	secundum	legem	sanctam,
119. U	nas	pravda	po	zakonu	svatu,

Quod	attulerunt	patres	nostri
120. Ju-že	prinesechu	otci	naši

In	hasce . . .
121. V	sie-že . . .

3. Der Text neuorthographirt mit deutscher Uebersetzung.

Vsiak ot svej čeliedi vojevodi:	Jeder Vater führt sein Volk im Heere:
Mužie pašu, ženy ruby stroja:	Männer ackern, Weiber schaffen Kleider:
J umre-li glava čeliedina,	Aber wenn nun stirbt das Haupt des Hauses,
Dĕti vsie tu sbožiem v jedno vladu,	Walten insgesammt des Guts die Kinder,
Vladyku si z roda vyberuce,	₅ Sich ein Hàupt erkiesend aus dem Stamme,
Ky pl'znie dlie v sniemy slavny chodi,	Das des Wohles wegen geht zum Hochding,
Chodi s kmetmi, s lĕchy, vladykami.	Geht mit Kmeten, Lechen und Wladyken.
Vstachu kmetie, lĕsi i vladyky,	Auf steh'n Kmeten, Lechen und Wladyken,
Pochvalichu pravdu po zakonu.	Hiessen gut die Bill nach dem Gesetze.

Ai Vl'tavo, če mutiši vodu?
Če mutiši vodu strebropěnu?
Za tie liuta rozvlajaše buria,
Sesypavši tuču šira neba,
Oplakavši glavy gor zelenych,
Vyplakavši zlatopěsku glinu?

Kako bych jaz vody nemutila,
'Kegdy sie vadita rodna bratry,
Rodna bratry o dědiny otne?
Vadita sie kruto mezu sobu
Liuty Chrudoš na Otavě krivě,
Na Otavě krivě zlatonosně,
Stiaglav chraber na Radbuzě chladně,
Oba bratry, oba Klenovica,
Roda stara Tetvy Popelova,
Jen-že pride s pl'ky s Čechovymi
V sie-že žirne vlasti prěs tri rěky.
Priletěše družna vlastovica,
Priletěše ot Otavy krivy,
Siede na okence rozloźito
V Liubušině otně zlatě sědlě,
Sědlě otně, svietě Vyšegradě,
Běduje i naricaje mutno.
Kdy se slyše jeju rodna sestra,
Rodna sestra v Liubušině dvorě,
Sprosi kněžnu utr' Vyšegradě
Na popravu ustaviti pravdu,
I pognati bratry jeja oba,
I suditi ima po zakonu.
Kaže kněžna vypraviti posly
Po Svatoslav ot Liubice běle,
Ide-že su dubraviny une,
Po Liutobor s Dobroslavska chl'mca,

10 Ai was trübst, Wltawa, du dein Wasser?
Was trübst du dein silberschäumig Wasser?
Hat dich aufgewühlet wilder Sturmwind,
Schüttend her des weiten Himmels Wetter,
Spülend ab die Häupter grüner Berge,
15 Spülend aus den Lehmgrund, den gold-
sand'gen?
Wie doch sollt' ich nicht die Wasser trüben,
Wenn im Hader sind zwei eig'ne Brüder,
Eig'ne Brüder um des Vaters Erbgut?
Grimmen Hader führen mit einander
20 Chrudoš wild am Schlängelfluss Otawa,
Am goldström'gen Schlängelfluss Otawa,
An der kühlen Radbuza Held Stjaglaw,
Beide Brüder, beide Klenowice,
Alten Stamms von Tetwa, dem Popelssohn,
25 Der mit Čech's Geschwadern ist gekommen
Durch drei Ström' in diese Segenslande.
Flog herbei nun die gesell'ge Schwalbe,
Flog herbei vom Schlängelfluss Otawa,
Setzt sich auf das breite Flügelfenster
30 In Lubuša's güldnem Vatersitze,
Auf dem heil'gen Wyšegrad, dem Ahnsitz,
Und sie jammert und sie trauert kläglich.
Als dies höret ihre eig'ne Schwester,
Eigne Schwester an Lubuša's Hofe,
35 Fleht im Wyšegrad zur Fürstenmaid sie,
Zur Entscheidung ein Gericht zu halten,
Vorzuladen ihre Brüder beide,
Und zu richten sie nach dem Gesetze.
Boten heisst die Fürstin nun entsenden
40 Nach Swatoslaw von Lubic, der weissen,
Wo sich heben junge Eichenforste,
Nach Lutobor von Dobroslaw's Kulme,

Ide-že Orlicu Labe pije,
Po Ratibor ot gor Kŕkonoši,
Ide-že Trut pogubi san' liutu,
Po Radovan ot Kamena Mosta,
Po Jarožir ot bŕd vľtoréčnych,
Po Strezibor ot Sazavy ladny,
Po Samorod se Mže strebronosne,
Po vsie kmeti, lěchy i vladyky,
I po Chrudoš, i po Stiaglav bratry
Rozvadiema o dědiny otne.
    Kda sie sniechu lěsi i vladyky
V Vyšegradě . . . .
Prokni stupi rozenia dlie svego:
Stupi kniežna v bělestvuci rizě,

Stupi na stol oten v slavně sniemě:
. . . . . dvě věglasně děvě
Vyučeně věščbam vitiezovym:
U jednej su deský pravdodatne,
U vtorej meč krivdy karajuci,
Protiv ima plamen' pravdozvěsten,
I pod nima svatocudna voda.
    Počie kniežna s otna zlata stola:

Moji kmetie, lěsi i vladyky!
Se bratroma rozrěšite pravdu,
Ja-že vadita sie o dědiny,
O dědiny otne mezu sobu.
Po zakonu věkožiznych bogov
Budeta im oba v jedno vlasti,
Či sie rozdělita rovnu měru.
Moji kmetie, lěsi i vladyky!
Rozrěšite moje vypovědi,
Budetě li u vas po rozumu:

Wo den Adlerfluss die Elbe schlürfet,
Nach Ratibor von dem Riesenbergkamm,
45 Wo den grimmen Drachen Trut erschlagen,
Nach Radowan von der Steinenbrücke,
Nach Jarožir von den ström'gen Bergen,
Nach Strezibor von der reinen Sazau,
Nach Samorod von dem Silberfluss Mies,
50 Nach den Kmeten, Lechen und Wladyken,
Und zu Chrudoš, Stjaglaw auch, den Brüdern,
Den Entzweiten um des Vaters Erbgut.
    Als sich einten Lechen und Wladyken
Auf dem Wyšegrad, ...
55 Stellt nach der Geburt sich auf ein jeder:
Tritt in schimmernd weissem Kleid die Fürstin,

Tritt zum Vaterthron im hohen Reichsding:
. . . . . zwei hochsinn'ge Jungfrau'n,
Unterrichtet in den Richtersprüchen:
60 Hier bei der sind die Gesetzestafeln,
Und bei der das Schwert, der Unbill Rächer,
Gegenüber rechtverkündend Feuer,
Unter ihnen heiligsühnend Wasser.
    D'rauf von Vaters güld'nem Thron die Fürstin:

65 Meine Kmeten, Lechen und Wladyken!
Recht bestellen sollet ihr zween Brüdern,
Die zusammen hadern um ihr Erbgut,
Um des Vaters Erbgut miteinander.
Nach den Satzungen der ew'gen Götter
70 Walten Beide dieses Guts gemeinsam,
Oder theilen sich zu gleichen Theilen.
Meine Kmeten, Lechen und Wladyken!
Ihr bestellet jetzo meinen Ausspruch,
Wenn er sonsten ist nach eu'rem Sinne:

Nebudetě l' u vas po rozumu,	

Nebudetě l' u vas po rozumu,
Ustavite ima novy nalez,
Ky by směřil rozvadiena bratry.

  Klaniechu sie lěsi i vladyky,
I počiechu ticho govoriti,
Govoriti ticho mezu sobu,
I chvaliti vypovědi jeje.

  Vsta Liutobor s Dobroslavska chl'mca,
Je sie tako slovo govoriti:
Slavna kniežno s otna zlata stola!
Vypovědi tvoje rozmysliechom:
Seber glasy po narodu svemu.

  I sebrastě glasy děvě sudně,

Sbierastě je u osudie svate,
I dastě je lěchom provolati.

  Vsta Radovan ot Kamena Mosta,
Je sie glasy čislem prěgliedati,
I viečinu provolati v narod,
V narod k rozsuzeniu na sniem sboren:
Oba rodna bratry Klenovica,
Roda stara Tetvy Popelova,
Jen-že pride s pl'ky s Čechovymi
V sie-že žirne vlasti prěs tri rěky,
Směrita sie tako o dědiny,
Budeta im oba v jedno vlasti.

  Vstanu Chrudoš ot Otavy krivy,
Žl'č sie jemu rozli po utrobě,
Trasechu sie liutostiu vsi udi,
Machnu ruku, zarve jarym turem:

Gore ptencem, k nim-že zmija vnori,
Gore mužem, im-že žena vlade!

75 Ist er aber nicht nach eu'rem Sinne,
Stellt ihr ihnen fest ein and'res Urtheil,
Das versöhne die entzweiten Brüder.

  Neigten sich die Lechen und Wladyken,
Fingen an sich leise zu besprechen,
80 Leise sich zusammen zu besprechen,
Und der Fürstin Ausspruch zu beloben.

  Auf stand Lutobor vom Kulm Dobroslaw's
Und begann zu sprechen solche Worte:
Hohe Fürstin auf des Vaters Goldthron!
85 Deinen Ausspruch haben wir erwogen:
Sammle denn in deinem Volk die Stimmen.

  Stimmen sammeln d'rauf die Richter-
jungfrau'n,
Sammeln sie in heiliges Gefässe,
Geben sie den Lechen auszurufen.

90 Auf stand Radowan von Kameny Most,
Und begann der Stimmen Zahl zu prüfen,
Und die Mehrheit allem Volk zu künden,
Allem Volk, zum Rechtsding herberufen:
Beide eig'ne Brüder, Klenowice,
95 Alten Stamms von Tetwa, dem Popelssohn,
Der mit Čech's Geschwistern ist gekommen
Durch drei Ström' in diese Segenslande,
Beide eint ihr so euch um das Erbgut,
Beide sollt gemeinsam sein ihr walten.

100 Auf stand Chrudoš von der krummen Otau,
Gall ergoss sich ihm durch all sein Inn'res,
Und vor Wuth erbebten alle Glieder,
Schwingt den Arm, und brüllet gleich dem
Ure:

Weh der Brut, wenn Ottern zu ihr dringen,
105 Weh den Männern, wenn ein Weib ge-
bietet!

Mužu vlasti mužem zapodobno :
Pr'vencu dědinu dati pravda.

Vsta Liubuša s otna zlata stola,
Vece : Kmetie, lěsi i vladyky!
Slyšeste zde poganienie moje:
Sud'te sami po zakonu pravdu,
U nebudu vam suditi svady.
Vol'te muža mezu sobu rovna,

Ky by vladl vam po želězu . . .
Děvče ruka na vy k vladě slaba.

Vsta Ratibor ot gor Kr'konoši,
Je sie tako slovo govoriti :
Nechvalno nam v Němcěch iskat'
    pravdu:
U nas pravda po zakonu svatu,
Ju-že prineseclu otci naši
V sie-že . . . .

Männern ziemt's zu herrschen über Männer:
Erstgebornem ziemt nach Recht das Erbgut.

    Auf von Vaters Goldthron stand Lubuša,
    Sprach: ihr Kmeten, Lechen und Wladyken!
110 Meine Schmähung habt ihr hier gehöret:
    Richtet selbst das Recht nach dem Gesetze,
    Nimmer werd' ich eure Zwiste schlichten.
    Wählt den Mann euch unter eu'res glei-
        chen,
    Der euch herrsche mit dem Eisen . . .
115 Mädchenhand ist schwach, ob euch zu herr-
        schen.
    Auf stand Ratibor vom Riesenbergkamm,
    Und begann zu sprechen diese Worte :
    Recht bei Deutschen suchen wär' unrühmlich:

    Recht besteht bei uns nach heil'ger Satzung,
120 Die mit hergebracht einst uns're Väter
    In dies . . . .

Printed by Books on Demand GmbH, Norderstedt / Germany